Petra Hahn-Lütjen (Hrsg.)

*Weihnachts**Traum**Geschichten*

BRUNNEN
Verlag GmbH · Giessen

MIX
Papier aus verantwortungsvollen Quellen
FSC® C006701

www.brunnen-verlag.de
Lektorat: Eva-Maria Busch
Umschlagfoto: Flora Press
Umschlaggestaltung: Daniela Sprenger
Satz: DTP Brunnen
Druck: CPI – Ebner & Spiegel, Ulm
ISBN 978-3-7655-4240-4

Inhalt

Karin Ackermann-Stoletzky

Die Traumbesetzung

„*Jetzt aber schnell!*", rief Hanna und scheuchte die letzten Kinder in den Gemeindesaal. „Sind alle da? Ja? Super!" Strahlend überblickte sie die Schar der Kindergottesdienstkinder, die gekommen waren, um für das Krippenspiel zu üben. Diesmal würden sie mit dem Kinderchor zusammen die Weihnachtsgeschichte aufführen. Der Chor sang die Weihnachtslieder, die anderen Kinder spielten die Szenen.

„Was für ein Gewimmel!", lachte Kalle, der auch zu den Mitarbeitern gehörte.

„Das kannst du wohl sagen", stimmte Jeanette ihm zu und bückte sich zu einem Kind, um ihm die Schnürsenkel zu binden, bevor es noch fiel.

„Ruhe!", rief Hanna und langsam verebbte das Stimmengewirr, wenn es auch nicht alle Kinder schafften, wirklich still zu sein. Also hielt Hanna den Finger an den Mund und sah die Kinder an, bis alle begriffen hatten, dass jetzt Zuhören angesagt war. „So, jetzt wollen wir mal die Rollen verteilen. Wir haben: Maria und Josef, den Wirt, die Leute auf der Straße, die Engel, die Hirten – ach ja, und die Tiere im Stall."

„Und was ist mit dem Baby?", fragte Jan und lachte.

„Na, da nehmen wir wie in jedem Jahr eine Puppe.

Also, fangen wir mit den Rollen an, in denen man am meisten auswendig lernen muss. Maria und Josef müssen viel sprechen. Wer von euch traut sich? Fangen wir mit Josef an.“ Betretenes Schweigen, kein Kind meldete sich.

„Josef ist uncool“, murmelte Max, als Hanna ihn auffordernd ansah.

„Ach komm, Max, bitte, du kannst das, ich brauche dich!“, flehte Hanna.

„Na gut“, nuschelte der blonde Junge. „Immer ich! Ich mach das nur, weil du meine Tante bist.“

„Super“, lachte Hanna, „da lohnt sich das ja auch mal. Also los, wer spielt die Maria?“

Wieder erntete sie zuerst einmal allgemeines Schweigen, bis Ann-Katrin sich schüchtern meldete: „Ich kann das wohl machen.“

Hanna zögerte. „Meinst du, du schaffst es, den ganzen Text zu lernen?“, fragte sie etwas zweifelnd, aber Ann-Katrin sah sie nur erstaunt an. „Klar, das kann ich, ich bin gut in so was“, sagte sie ernsthaft.

„Doch, Ann-Katrin ist super im Auswendiglernen! Und mit ihr als Maria hab ich vielleicht wenigstens ein bisschen Spaß“, mischte Max sich ein, der sich gut mit ihr verstand.

Ann-Katrin breitete glücklich die Arme aus, legte den Kopf in den Nacken und drehte sich laut lachend um die eigene Achse. Damit war es beschlossene Sache: Ann-Katrin spielte die Maria. Schnell wurden die anderen Rollen verteilt: die Engel, der Wirt, die Hirten, die Menschen auf der Straße und die Tiere im Stall. Nach einer ersten Textprobe gingen alle heim, um zu Hause zu üben.

„Meinst du, dass das gut geht?“, fragte Kalle und sah unsicher von Hanna zu Jeanette.

„Doch, ich glaube, das klappt. Die erste Probe war doch gar nicht mal schlecht!“, antwortete Jeanette. „Wobei ich eigentlich gedacht hätte, Ann-Katrin könnte gut bei den Engeln mitspielen. Meine Traumbesetzung ist das jetzt nicht … Aber, na ja, wird schon gehen …“

Kalle wurde als Erster angesprochen. „Sag mal, stimmt es, dass Ann-Katrin die Maria spielt? Kann die das denn? Es wäre doch blöd, wenn sie sich auf der Weihnachtsfeier blamieren würde!“

„Da kommen doch auch Gäste von außerhalb“, meinte eine Mutter zu Hanna. „Sollte nicht doch ein anderes Kind die Hauptrolle übernehmen? Ich finde Downsyndrom-Kinder ja süß, aber sie sind doch etwas schlichter gestrickt. Wäre sie in der zweiten Reihe nicht besser aufgehoben?“

Als Kalle, Jeanette und Hanna sich das nächste Mal trafen, hatten alle Ähnliches zu berichten. Kalle war auf hundertachtzig. „Ich hätte nicht gedacht, dass es in unserer Gemeinde so viele Vorurteile gibt! Dass die so kleinkariert sind! Dass die so wenig begriffen haben …“

Hanna sah betreten auf ihre Schuhe. „Wisst ihr“, sagte sie leise, „wenn ich ehrlich bin, hab ich im ersten Moment genauso gedacht: O nein, nicht gerade Ann-Katrin! Die

Reaktionen der anderen haben mir den Spiegel vorgehalten. Ihr glaubt gar nicht, wie sehr ich mich schäme!"

„Die Kinder hatten weniger Bedenken als wir", sagte Jeanette. „Die kennen sich gut und sind ja auch miteinander aufgewachsen. Eigentlich habe ich bisher gedacht, wir alle würden Ann-Katrin so behandeln wie jedes andere Kind auch. Aber das stimmt nicht. Von wegen: ‚Bei uns klappt das mit der Einbeziehung von Menschen mit Behinderungen!'"

Am Nachmittag der Weihnachtsfeier waren Kinder und Mitarbeiter gleichermaßen aufgeregt. Der Chor betrat die Bühne und sang das erste Lied, und dann kamen Maria und Josef und das Krippenspiel nahm seinen Lauf. Es klappte alles wunderbar! Natürlich gab es kleine Fehler, aber das Strahlen der Kinder – und besonders die Maria, die so glücklich und unbeschwert ihre Rolle spielte und mit ihrem Charme alle bezauberte – machte den Nachmittag zu einem wirklichen Erlebnis.

„Euch ist heute der Heiland geboren!", riefen die Hirten und Engel am Schluss ins Publikum. Und die glückliche Maria bestätigte lauthals: „Genau!"

Ilse Ammann-Gebhardt

Wie ein Traum, der entflieht …

„*Jetzt aber schnell*", flüsterte Britta, „schnell nach Hause!" Sie stieg ins nächste Taxi und nannte die Adresse. Der Wechsel von Südafrika nach Deutschland war jetzt, drei Tage vor Weihnachten, wie ein Schock. Dort war die Luft voll heller, flimmernder Sommerhitze, hier aber hatte es gefroren und die Wolken hingen dunkel über dem weiß verschneiten Winterland. Sie hatte gewusst, dass es um diese Zeit zu Hause kalt und dunkel war. Aber sie hatte den Wechsel noch nie so stark empfunden.

Ich bin eine richtige Südafrikanerin geworden, dachte sie und lächelte vor sich hin. Doch das Lächeln erstarb gleich wieder: Mama war tot. Sie fand das Telegramm vor drei Tagen unter ihrer Post, als sie und Henry vom Urlaub zurückkehrten. Und jetzt war Mama schon beerdigt.

Während ihr Taxi sich durch die weihnachtlich geschmückten menschenleeren Straßen quälte, saß Britta fast teilnahmslos auf der Rückbank; sie konnte es noch immer nicht fassen. Sie hatte mit Anne telefoniert und Näheres erfahren: Nein, Mutter hatte nicht gelitten, war nicht krank gewesen. Sie saß am Frühstückstisch, als ihr Herz einfach stehen blieb. – Und der Vater?

„Er ist seitdem bei uns", erklärte Anne am Telefon, „ich

konnte ihn ja nicht mit seinen fünfundachtzig Jahren allein in der Wohnung lassen. Wir müssen darüber reden."

Genau. Deshalb kam Britta heute nach Hause.

Das Haus erschien ihr in der schwarzen Dunkelheit fremd und abweisend. Sie besaß noch immer ihren Hausschlüssel, mit dem sie die Tür öffnete. Tapfer trat sie ein. Sie drückte auf den Lichtschalter – die Lampe flammte auf. Koffer und Handgepäck stellte sie im Flur ab, den Mantel hängte sie an den Haken. Dann rief sie laut, wie sie früher immer gerufen hatte und damit man überhaupt eine Stimme hörte: „Mama? – Mama!"

Alles blieb still. Da ging sie von Raum zu Raum, drehte die Lichter an und schaute sich um. Sie ging nach oben und drehte auch dort alle Lichter an, ließ alle Türen offen stehen. Es sah aus, als wären die Eltern nur kurz ausgegangen und müssten gleich wiederkommen. Aber es war still, so unsagbar still im Haus.

Der Kühlschrank war fast leer, der Gefrierschrank aber wohlgefüllt. Plötzlich fühlte sie sich hungrig, setzte Teewasser auf und schob eine Pizza in den Backofen. Es war zwei Uhr nachts. Morgen früh würde sie Anne anrufen ...

Damit das Haus lebendiger aussah, ließ sie einige Lampen im Haus brennen, als sie schlafen ging. Doch sie fühlte sich einsamer denn je im Leben: Mama war nicht mehr, die doch ein Leben lang zu ihr gehört, mit der sie sich so innig verbunden gefühlt hatte, wo immer sie auch auf diesem Planeten weilte. Sie war da gewesen – man brauchte nur zum Telefon zu greifen. Sie nie mehr zu sehen, nie mehr mit ihr reden zu können – ach!

Irgendwann schloss der Schlaf ihr die müden Augen. Britta träumte ... Alles war wie immer. Mama war da, sie redeten miteinander, lachten miteinander, und sie wunderte sich, dass sie gemeint hatte, Mama sei tot. Wie dumm von ihr! Sie sprachen von Weihnachten, und Mutter sagte: „Alles ist da, Britta, aber ich habe noch nichts verpackt." – „Das tu ich, Mama, wo sind ...?"

Da ging die Mutter mit ihr zu dem einen und anderen Schrank und zeigte ihr, wo die Geschenke für jeden lagen. Sie gingen von Raum zu Raum und die Treppe nach oben ... Brittas Herz war von einer fast überirdischen, leuchtenden Freude erfüllt. Ach, Mama, sagte sie und schloss die Arme stürmisch um die Mutter – da war sie plötzlich verschwunden.

Als Britta am Morgen aufwachte, ging sie leise verwundert durch die Wohnung. Sie wusste, sie hatte in der Nacht geträumt. Sie fühlte, dass es etwas Schönes gewesen sein musste. Ein Lächeln war in ihrem Herzen, aber der Traum war verschwunden. Er schien etwas mit Mama zu tun gehabt zu haben, doch sie konnte sich an nichts mehr erinnern.

Als sie am Nachmittag einkaufen ging, besorgte sie auch Geschenkpapier und Glanzkordel. Traumbefangen stand sie im Wohnzimmer und schaute sich um. Sie glaubte sicher zu sein, dass Mutter Geschenke gekauft hatte, doch wo mochte sie die hingetan haben? Britta ging auf die Schrankwand zu und öffnete eine obere Tür. Sie staunte: Da lag in eine Plastiktüte gewickelt ein dickes Buch. Sie las Titel und Autor und wusste, dass es für Papa war. Sie stand weiter vor dem Schrank – tastete plötzlich seitlich obendrauf und holte auch da ein Päckchen herunter. Es war schwer für seine Größe, was mochte es wohl enthalten? Erstaunt las sie den angehefteten Vermerk: Für Britta.

Sie erschrak: Offensichtlich war es Mama in letzter Zeit doch nicht so gut gegangen. Sonst wäre das Päckchen schon längst bei ihr in Südafrika angekommen! Jedes Jahr hatte Mama ein Päckchen geschickt.

Sie legte beides auf den Tisch, und ohne dass sie sich selbst erklären konnte, warum sie es tat, schaute sie in die Ecke neben Vaters Schreibtisch: Da sah sie einen Weinkarton mit sechs Rotweinflaschen. Sie wusste, die waren für Jürgen bestimmt, Annes Mann. Und Anne? Langsam, wie im Traum, ging Britta die Treppe nach oben, betrat das Schlafzimmer der Eltern und schaute sich um.

Es sah alles aus wie immer, die Betten waren gemacht und abgedeckt. Auf Mamas Nachtschränkchen lief die Uhr noch immer weiter und ihr Morgenmantel hing an seinem Platz. Da sah sie auf der Kommode die volle Plastiktüte eines bekannten Modehauses. Sie wusste, dass es das Geschenk für Anne war. Sie wusste es einfach und wunderte sich.

Britta hatte gerade die Geschenke verpackt, als Anne draußen schellte. Sie fielen sich um den Hals.

„Ach Britta, unsre Mama!" Jetzt flossen auch bei Britta die Tränen. Sie redeten miteinander, tupften die Tränen, die immer wieder hervorbrachen, bis es nichts mehr zu reden gab.

„Komm mit zu uns, Britta, bleib nicht allein hier im Hause", bat Anne.

Britta dankte der Schwester: „Ich möchte diese Nacht noch hierbleiben. Ich nehme mir morgen ein Taxi und komme am Nachmittag. Und ich freu mich auf euch alle!"

Ihr blieben nur drei Tage. Ich muss diesen Abend noch für mich haben, dachte sie, hier im Haus, wo ich aufgewachsen bin. Sie empfand ihren Besuch wie ein Abschiednehmen.

Später saß sie im Wohnzimmer, blätterte die Familienalben durch, sah die Eltern in jungen Jahren mit ihnen als Kinder – und die alten Zeiten kamen ihr ganz nahe. Still brannten die Kerzen. Sie ging an Papas Bücherschränken vorbei, las viele Titel und viele Autorennamen, nahm das eine oder andere Buch zur Hand, Bücher auch, die sie selbst dem Vater geschenkt hatte. Es war so lange her. Sie öffnete die Vitrine, nahm eine zarte Tasse, einen Meißener Teller zur Hand und strich mit den Fingern über Mamas Lieblingsporzellan – ach! Sie besah die großen und kleinen Fotos an den Wänden der Zimmer …

So nahm sie Abschied, langsam und bewusst: Abschied von Mama, Abschied von ihrem Leben hier im Elternhaus. Sie wusste, sie würde in Südafrika bleiben, würde nur noch selten hierher zurückkommen. Henry, ihr

Mann, wartete auf sie und sie sehnte sich jetzt schon so sehr nach ihm. Aber morgen würde sie ihren alten Vater in die Arme schließen und mit allen Heiligabend feiern. Heiligabend daheim in Deutschland, unvergleichlich und unvergessen.

Erinnerungen an so viele Weihnachtsfeste stiegen in ihr auf, Erinnerungen an so manchen feierlichen Weihnachtsgottesdienst, die alte und doch immer neue Weihnachtsbotschaft: „Denn euch ist heute der Heiland geboren …“ Erinnerungen an Orgelklänge und jubelnde Chorgesänge – das alles würde ihr im Herzen bleiben.

Als sie spät im Halbdunkel lag, dachte sie darüber nach, wie es denn nur möglich war, dass sie die Weihnachtsgeschenke mit fast traumwandlerischer Sicherheit gefunden hatte. Es war, als sei Mama neben ihr hergegangen und habe ihr gezeigt, wo alles lag. *Mama!* Britta lächelte vor sich hin – allein schon der Gedanke machte sie froh. Aber was man doch für seltsame Ideen hat?

Eigentlich war alles, das Leben in diesem Haus und alles, was danach gekommen war, unendlich kostbar für sie – und doch nur wie ein schöner, flüchtiger Traum, der leise entwich …

Albrecht Gralle

Grünkern singt

„*Jetzt aber schnell* in eine Kirche", sagte Herr C., „bevor ich schlappmache."

Er durchquerte humpelnd den Weihnachtsmarkt, ging an den Ständen vorbei, von denen ein verführerischer Glühweinduft herüberwehte, achtete auf den Schneematsch in den Ecken und eilte, so gut es ging, auf die große kupferne Eingangstür zu. Die Weihnachtseinkäufe waren ermüdend gewesen, besonders das lange Stehen vor den Kassen. In den Kirchen gab es wenigstens Bänke zum Ausruhen, auch wenn sie nicht bequem waren.

Herr C. war kein regelmäßiger Kirchgänger. Er betrachtete diese Bauten als kulturelles Erbe und als gigantische Aufenthaltsräume gegen Müdigkeit und unangenehmes Wetter. Als er die Kirche betrat, klang ihm Musik entgegen. Ein Chor übte. Auf dem Plakat im Vorraum las er, dass am nächsten Abend Johann Sebastian Bachs Lobgesang der Maria aufgeführt werden sollte, das berühmte Magnifikat.

Herr C. setzte sich, stellte seine Plastiktüten auf den Platz neben sich und lauschte. Zu dem barocken Kirchenraum, an dessen Deckenhimmel leicht bekleidete Engel schwebten und wo in einer Nische gerade ein paar verzückte Märtyrer aus Stein hingerichtet wurden, passte

Bachs Musik irgendwie. Ein Zettel mit der Übersetzung des lateinischen Textes lag auf der Bank.

Interessiert überflog Herr C. die Worte: „Magnificat anima mea Dominum … Meine Seele erhebt den Herrn …“ Nein, das war es nicht, was der Chor gerade sang. Jetzt hatte er die Worte gefunden. „Fecit potentiam – Er übt Gewalt mit seinem Arm und zerstreut, die stolz sind in ihrem Herzen …“

Herr C. runzelte die Stirn. Ein merkwürdiger Text für eine junge Frau wie Maria. Nach seinem Geschmack etwas brutal. Da sieht man's mal wieder, dachte er. Typisch Kirche! Nach außen: schön, barock, lieblich, aber im Inneren: brutale Gewalt! Alles Heuchler! Frustriert wollte Herr C. die Kirche verlassen und stand schon auf, aber die wunderbaren Klänge von Herrn Bach hielten ihn zurück.

Er setzte sich wieder. Jetzt sang der Chor eine Fuge, die mit den Worten endete: „… Abraham und seinem Samen ewiglich.“ Also wirklich, dachte er, was hat der Samen von Abraham hier verloren? Sex in der Kirche! Ewiger Samen? Ziemlich verschroben das Ganze. Naja, war ja auch nicht anders zu erwarten. Offiziell wird Sex außerhalb der Ehe verboten, aber das wirkliche Leben sieht ganz anders aus. Hatte Abraham nicht sogar mehrere Frauen gleichzeitig?

Dann erstarrte Herr C. Ein netter Herr im Pulli sang doch tatsächlich mit einem Lächeln auf den Lippen den Vers: „Deposuit potentes – Er stößt die Gewaltigen vom Thron …“ Das ist ja wie … wie bei der französischen Revolution oder wie in Ägypten und Syrien. Ziemlich blutig das Ganze. Und so was in einer Kirche ... Also, das ist doch das Letzte!

Er las auf dem Zettel: „Das Magnifikat der Maria ist einer der traditionellen Texte in der Adventszeit."

„Dachte ich's mir doch", murmelte er. „Kriege, Umstürze und Gewalt haben hier schon Tradition. Wahrscheinlich wurde der Lobgesang mit Begeisterung bei den Kreuzzügen geschmettert, während man die Heiden einen Kopf kürzer machte und in Blut watete!" Jetzt war es mit der Andacht von Herrn C. ganz aus. Damit wollte er nichts zu tun haben.

Wieder machte er Anstalten, sich zu erheben, da sah er ein bekanntes Gesicht unter den Chorleuten: Erwin Grünkern. Der Mann, der ihm seit Jahren das Leben schwer machte. Grünkern, der schuld daran war, dass Herr C. sein rechtes Bein nach sich zog. Blitzlichtartig zogen die Szenen, die Herrn C. seit Jahren verfolgten, an seinem inneren Auge vorbei: der Knall, der von Grünkerns Auto kam, das ihm die Vorfahrt genommen hatte. Endlose Operationen und die bedauernde Stimme des Arztes, die ihm mitgeteilt hatte, dass das Bein leider nicht mehr voll funktionsfähig sei und niemals mehr sein würde. Grünkern, der sich niemals bei ihm entschuldigt hatte, besaß doch tatsächlich die Unverfrorenheit, in einer Kirche fromme Lieder zu singen. Unglaublich! Das Blut stieg Herrn C. in den Kopf, als er sah, wie Erwins Mund fromm und fröhlich auf und zu ging. In Gedanken sah er sich selbst, wie er nach vorne stürmte und Grünkern gewaltig verprügelte.

„Das Magnificat ist gar nicht so weit hergeholt, was?" Herr C. drehte sich um. Eine Frau saß plötzlich neben ihm.

„Wie? Was?"

„Ich meine, das mit der Gewalt in einer Kirche", flüsterte sie und lächelte. „Gerade eben haben Sie doch selbst *Gewalt mit ihrem Arm geübt.*"

„Aber doch nur in Gedanken", flüsterte er zurück. Warum kann die Frau meine Gedanken lesen?, dachte er.

„In dem Musikstück werden doch auch keine wirklichen Feinde abgeschlachtet, oder?", sagte sie.

„Nein."

„Na, sehen Sie."

„Aber", sagte Herr C., „in einer Kirche erwarte ich doch etwas mildere Umgangsformen und nicht diese brutale Sprache, die dann noch lateinisch verbrämt wird."

„Na ja", sagte die Frau. „Der Text sagt nichts anderes aus, als dass man mit seiner tödlichen Wut im Bauch zu Gott kommen kann, wenn man unterdrückt wird. Und für die Leute damals bedeutete Gerechtigkeit eben, dass die Feinde starben und ein Diktator vom Thron fiel."

„Gerechtigkeit, phhh!", sagte Herr C. „Die gibt's überhaupt nicht. Schauen Sie sich die Welt doch an!"

„Aber ein bisschen hoffen Sie doch auch darauf, oder?"

„Ja, schon."

„Und diese Hoffnung wird hier von Maria besungen.

Immerhin litt sie auch unter der militärischen Gewaltherrschaft der Römer. Und ich sag Ihnen mal was: Eines Tages wird Gottes Gerechtigkeit zu uns kommen wie ein Sonnenaufgang. Es lohnt sich, aufrichtig durchs Leben zu gehen."

Eben wollte Herr C. sagen, dass er die Unterhaltung ganz seltsam fand, da sah er, wie es mitten in der Kirche anfing zu regnen. Fassungslos starrte er auf die Pfütze neben sich und wischte sich die Tropfen von der Stirn.

„Was ist das denn?"

Die Frau blickte nach oben und sagte: „Ach, das sind die Wolken an dem Barockhimmel. Die schwellen immer an, wenn der Chorgesang zu schwerfällig geworden ist. Bach sollte man eben leicht und durchsichtig singen. Diese vielen Schnörkel in den Noten wirken sonst wie Bleigirlanden."

„Ach so", sagte Herr C. leicht verwirrt, der im Augenblick nicht mehr so ganz wusste, ob er wach war oder träumte.

Der Regen hörte auf und zwei Frauenstimmen sangen nun im Duett: „Et misericordia eius … Und seine Barmherzigkeit bleibt von Geschlecht zu Geschlecht über denen, die ihm Ehrfurcht zeigen."

Herr C. wurde innerlich bewegt, je länger er den Harmonien folgte. Es war, als ob jemand sein Herz mit duftenden Ölen einrieb. Und zum ersten Mal kam ihm der Gedanke, dass Gottes Barmherzigkeit etwas Kräftiges, Starkes an sich hatte und nicht wie ein Zuckerguss über einem verbrannten Kuchen klebte. Er wollte das gerade seiner Banknachbarin sagen, da fing es neben ihm zu rascheln an. Die Frau erhob sich, schwebte mitsamt ihrem Mantel nach oben zur Decke und verwandelte sich in einen leicht bekleideten Barockengel.

„Meine Güte“, sagte Herr C., während er ihr nachstarrte. „Da soll noch mal einer sagen, in einer Kirche wäre heutzutage nichts mehr los!“

Mathias Jeschke

Genau wie im richtigen Leben

„Jetzt aber schnell!", rief der Engel mit dem schwarzen Kraushaar und die ganze Meute stürmte zur Tür hinaus. Allesamt, Josef und Maria, die Weisen, die Hirten, Schafe, Ochs und Esel. Und natürlich die himmlischen Heerscharen. Es hing nur noch ein wenig goldenes Geflitter in der Luft und flatterte im Scheinwerferlicht der Bühne sachte zu Boden.

Herr Hoffmann, der Hausmeister, hatte die Leiter auf die Bühne gestellt und nestelte an den Scheinwerferkabeln herum. Er brummte etwas von oben herunter, was aber zwischen den Stühlen, wo Frau Cornelius stand, nicht mehr zu verstehen war. Sie hatte die Kinder aufhalten wollen, fuchtelte immer noch mit ihren Armen in der Luft umher, war aber dabei ganz still geworden, denn sie war tatsächlich völlig sprachlos. Und das passierte äußerst selten. Sie ließ sich mit einem Stoßseufzer auf einen der Stühle fallen. Fast im selben Moment aber sprang sie schon wieder auf, denn sämtliche Schauspieler rannten mit einem Riesengetöse auf die Bühne zurück. Als die Meute wieder komplett versammelt war, kreischte Frau Cornelius: „Was macht ihr? Wo wart ihr? Ihr könnt hier nicht einfach so verschwinden! Und dann wieder auftauchen, wie es euch passt!"

Milla, der Engel mit dem schwarzen Kraushaar, breitete seine Flügel aus und verkündete von der Bühne herab: „Kein Problem, Frau Cornelius. Wir mussten nur schnell was erledigen."

Im selben Moment hörte man auf der Bühne ein leises Wimmern. Und dann schrie plötzlich irgendetwas aus voller Kehle so laut und ohrenbetäubend, dass sich sogar der halb taube Herr Hoffmann auf seiner Leiter die Ohren zuhalten musste.

„Die ham da'n richtiges Baby, Frau Cornelius!", rief der Hausmeister, der von seiner Leiter aus die beste Sicht auf das Geschehen hatte.

„Ja, das hör ich auch, Herr Hoffmann!", gab Frau Cornelius entnervt zurück.

Jetzt schaltete sich Piet ein, der schlacksige Hirte: „Meine Mom ist donnerstags um diese Uhrzeit immer für zweieinhalb Stunden beim Yoga. Eigentlich passt ja meine große Schwester dann auf Charly, unsren Kleenen, auf. Aber seit die 'nen Freund hat, ist sie superglücklich, wenn ich ihr das Babysitten abnehme. Außerdem wirkt unsere Show mit so einem richtig lebendigen Jesuskind viel überzeugender. Ist doch klar, oder etwa nicht?"

Frau Cornelius wollte eben zu einer Ermahnung ansetzen, als sie ein leises Tröpfeln vernahm. Aus ihrer etwas tiefer liegenden Warte vor der Bühne konnte sie gut erkennen, dass sich zu Füßen der Maria eine Pfütze bildete.

„Ups", rief Josef. „Er pisst! Hätten wir mal doch noch die Windel gewechselt! Jetzt läuft sie über."

„Herr Hoffmann! Holen Sie bitte sofort einen Feudel!“, kiekste Frau Cornelius, die den Geruch von Babypipi nicht gut ertragen konnte. „Und ihr“, fuhr sie ihre Krippenspieltruppe an, „was glaubt ihr, was los ist, wenn so was genau im Weihnachtsgottesdienst passiert?“

„Na, und wenn schon!“, sagte da in aller Seelenruhe Milla, der Engel mit dem schwarzen Kraushaar, inmitten einer Menge bestürzter Gesichter. „Die ganze Geschichte ist sowieso eine einzige Zumutung, oder etwa nicht? Was hätten *Sie* wohl gesagt, Frau Cornelius, wenn so eine himmlische Leuchtfigur zu Ihnen gekommen wäre, als Sie gerade mal vierzehn Jahre alt waren – falls Sie sich daran überhaupt noch erinnern können? Und wenn die zu Ihnen gesagt hätte, dass Sie schwanger werden würden ... und zwar – leider! – ohne dass irgendjemand so richtig erklären könnte, wie das überhaupt passiert ist?! Das ist doch ein Riesenschock! Wie hätten Sie das verkraftet? Und was hätten Ihre Eltern wohl dazu gesagt? Besonders gefreut hätten die sich sicher nicht!

Und dann dieser Josef, der sich klammheimlich aus dem Staub machen wollte! Na, ist doch absolut verständlich, finden Sie nicht auch! Der Typ ist total verliebt in diese Maria. Und dann kommt sie zu ihm und erzählt, dass sie schwanger ist. Paff! Aber, naja – hüstel, hüstel – sie wüsste nicht so richtig, wie das eigentlich passieren konnte, ähm ... Das ist doch der Hammer für den Mann, oder etwa nicht?! Okay, warum auch immer – er ringt sich durch und bleibt bei ihr.

Aber dann müssen die beiden diese bescheuerte Reise machen. Sie hochschwanger! Das darf doch nicht wahr sein! Wenn sie dann wenigstens in ein tolles Hotel gegangen wären oder – viel besser noch! – in ein richtig gutes Krankenhaus. Aber nichts da! Immer heißt es nur: ‚Wir haben kein Bett mehr frei!' Mann, was für ein Mist!

Maria hatte natürlich schon ihre Schmerzen und sie fanden um Himmels willen kein Bett für die Arme. Hätten *Sie* da den Mumm gehabt, Frau Cornelius, so einem unverschämten Wirt zu folgen, der sie hinters Licht führen wollte in einen zwielichtigen und stinkenden Stall?! Wahrscheinlich hat er sie noch ordentlich abgezockt dafür! Und ob zum Beispiel Herr Hoffmann in diesem Stall Frau Cornelius dabei hätte helfen können, ein Kind zur Welt zu bringen?!"

Bei dieser Frage entstand großes Palaver unter den Schauspielern. Ein objektiver Zuhörer hätte daraus schließen müssen, dass die Mehrheit Herrn Hoffmann eher nicht zutraute, Frau Cornelius bei einer Geburt zu assistieren.

„Und dann?", Kraushaarengel Milla setzte ihre Tirade fort. „Die Hirten! Auch die ziemlich übel riechend! Toller Besuch! Ich vermute mal, dass Maria nach der Tortur gerne ein bisschen geschlafen hätte. Aber nein, es mussten auch noch lauter Leute zur Tür hereinschneien, die das Baby angafften, als hätten sie noch nie zuvor eines gesehen."

Herr Hoffmann war inzwischen von seiner Leiter heruntergestiegen, hatte, wie von Frau Cornelius aufgetragen, einen Putzlappen besorgt und wischte das Pipi des echten Jesuskinds auf. Dabei entfuhren ihm die Worte: „Hm, das ist ja alles grad so wie im richtigen Leben!“

„Herr Hoffmann“, ließ sich Frau Cornelius vernehmen, „das will ich überhört haben. Setzen Sie den Kindern nicht noch zusätzlich Flausen in den Kopf!“

„Aber es ist doch wahr, die Kinder haben doch recht“, maulte Herr Hoffmann. „Diese Geschichte stinkt doch bis zum Himmel! Wenn ich denke, ich sitz dann an Weihnachten nach dem Gottesdienst mit Lichterglanz und Zimbelstern zu Hause in der Wohnstube ... bei Sauerfleisch und Weihnachtsbier, um dies zu feiern ... ja, um zu feiern, dass unser Herr Jesus unter diesen richtig schlimmen Bedingungen auf die Welt kommen musste ... Da stimmt doch was nicht, oder hab ich recht?!“

Alle Kinder stimmten ihm zu und waren darin völlig einer Meinung. So etwas könne man doch eigentlich niemandem zumuten. Das sei ja wirklich schlimmer als schlimm. Das sei geradezu unmenschlich.

Alle waren sich einig. Bis auf Robert, der zu seinem Leidwesen in diesem Jahr den Esel verkörpern musste. Robert hockte auf der Bühne und träumte vor sich hin. Ganz glasige Augen hatte er dabei. Alle sahen nun zu Robert. Bimm, der Ochse, stieß ihm ziemlich unsanft mit dem Ellenbogen in die Seite und brüllte: „He, Alter, wach auf!“

Da sah ihn Robert traumverloren an, richtete sich langsam zur vollen Größe eines ziemlich verpickelten Konfirmanden auf und sprach mit leiser, aber deutlich vernehmbarer Stimme: „Überlegt mal, genau deswegen ist das Ganze doch so eine Riesensache! Gott bringt seinen Sohn zur Welt in solchen Verhältnissen. Meine Eltern sagen immer: ‚Ach, sieh mal die dort drüben. In was für Verhältnissen die leben …' Und dann schäme ich mich, weil ich weiß, dass die Leute sich diese Verhältnisse ja gar nicht selbst ausgesucht haben. Gott bringt doch seinen Sohn in eine Welt voller Menschen, die in Verhältnissen leben, die sie sich selbst nicht ausgesucht haben. Das ist doch irre, oder etwa nicht? Und wenn ich ehrlich bin, mir ist so ein Gott lieber als einer, der seinen Sohn in einem Protzpalast aufwachsen lässt, wo alles picobello sauber und vornehm ist. Ich hab lieber einen, mit dem ich auch über den Schrottplatz stromern kann. Da weiß ich, der kennt mich. Der weiß, wie es mir geht und wie es bei uns zu Hause aussieht."

Frau Cornelius saß in ihrer Stuhlreihe und blickte gedankenverloren vor sich hin. Herr Hoffmann kniete immer noch auf den Brettern, die die Welt bedeuten, knetete seine Finger und nickte eifrig mit dem Kopf. Und die Kinder verließen in üblicher Lautstärke kichernd und schwatzend die Bühne und machten sich miteinander auf den Weg nach Hause.

Tanja Jeschke

Große Freude in Hübirs Leben

„*Jetzt aber schnell!*“, rief Hübir, der Hirte mit dem Klumpfuß. Er nahm seinen Stock, pfiff nach Rudo, seinem Hund, und machte sich auf den Weg. Was da gerade am Himmel über ihren Feldern geschehen war, hatte ihn elektrisiert. Hübirs ganzer Körper vibrierte, während er vorwärtseilte. Im Grunde war Hübir gar kein Mann des Vorwärts. Er war zwar den ganzen Tag auf den Beinen, versorgte seine Schafherde, kümmerte sich um die Tiere, ihre Krankheiten und Geburten, die Hunde und das Feuer, aber dabei ging es nicht um ein Vorankommen. Es war der ewige Kreislauf der Natur, in den Hübir sich eingebunden sah. Man tat, was zu tun war.

Um die anderen Hirten scherte er sich kaum. Sie kannten sich alle von Jugend auf, hatten von ihren Vätern das Handwerk gelernt. Es gab eine gewisse Rangordnung untereinander, die ihnen half, die Arbeit zu machen. Hübir war kein Chefhirte, er brüllte nicht gern herum. Er war schweigsam, übernahm gern die Nachtwachen und liebte es, sein eigenes Feuerchen weiter draußen zu machen, sein Brot fast schwarz zu rösten und auf das im Dunkeln schlummernde Land hinauszuschauen wie ein Seemann auf das Meer. Am Morgen dann die anderen mit scharfen Pfiffen zu wecken und sich einfach hinzuwerfen auf den Boden, in Felle gewickelt, ein paar Stunden zu schlafen.

Was aber in dieser Nacht geschehen war, ließ Hübir erschauern. Rudo hatte noch immer seinen Schwanz eingezogen, während er neben ihm herlief. Der Hund spähte zu ihm hoch, schien auf einen Befehl zu warten, aber es kam kein Wort aus Hübirs Mund. Der Hirte wischte sich über die Stirn, hinter der die Bilder nicht stillstehen wollten. Sie tränkten seine Sinne wie starker Rum. Gleichzeitig machten sie seinen Geist so nüchtern und klar wie nach einem Bad im eiskalten Bach. Hübir wusste, was er gesehen hatte, und dass er auf dem vertrauten Weg in Richtung Bethlehem unterwegs war. Er kannte hier jeden Stein, jeden Busch. Er war 31 Jahre alt, verheiratet mit Wandija, hatte vier Kinder, alles kräftige Söhne, jeder von ihnen ein Hirte, und bald bekam Wandija ein fünftes Kind. Es durfte ruhig ein Mädchen werden, Hübir hätte gern eine Kleine mit Zöpfen und Puppen. Er stellte sich vor, wie sie sang, wenn er für ein paar Tage nach Hause kam, eine kleine Lerche daheim in der Hütte, das würde ihm gefallen.

Hübir atmete schwer und musste eine kurze Pause machen. Rudo sprang an ihm hoch, legte sich dann ins Gras, wo Hübir sich auf seinen Stock stützte. Wo waren die anderen geblieben? Die Morgendämmerung ließ noch auf sich warten. Es war dunkel, ein listiger Ostwind fegte durch das Gehölz zur Rechten. Hier lauerten manchmal Räuber, man musste vorsichtig sein, aber was sollten sie bei ihm suchen, er besaß nur seine Tasche mit etwas Brot und Honig. In der Ferne bellten die Hunde der anderen Hirten, sie kamen jetzt näher. Rudo hechelte. Hübirs Herz klopfte stark. Da wohnt einer in dir drin, erzählte er manchmal seinem Jüngsten, der klopft an deine Tür und will bei dir wohnen.

Das Licht war verschwunden. Das mächtige Licht, das den Himmel von West nach Ost durchleuchtet hatte, bis er wie durchsichtiges hellrotes Glas wirkte, hinter dem sich Räume tief in den Himmel hinein auftaten, aus denen immer mehr Geschöpfe herausquollen. Was waren das für Wesen, diese hellen leichten Gestalten, deren Körper nicht aus Haut und Knochen zu bestehen schienen, sondern aus angezündeten Fackeln? Es waren auch ganz kleine darunter gewesen, die wie Kerzen brannten und bis weit zur Erde herabgeflogen kamen, während die großen oben am Firmament schweben blieben. Sie hatten Lieder gesungen, festliche, erhabene Lieder, deren Klänge ihm noch in den Ohren summten.

Wenn er das Wandija heute Abend erzählte, sie würde ihn ja für verrückt erklären. Kinder, würde er sagen und seine Söhne alle auf einmal auf seinen Schoß ziehen, Kinder, ich habe in den Himmel hineinschauen können und ich habe Engel gesehen. Ja, Hübir nickte Rudo zu, damit er sich selbst glauben konnte, ja, es müssen Engel gewesen sein, was sonst! Engel?, würde sein Großer fragen, der längst nicht mehr alles glaubte, Engel gibt es nicht.

Hübir setzte sich wieder in Bewegung. Was war geschehen? Er hatte Nachtwache gehalten und gerade mit gutem Appetit von seinem Brot abgebissen, als das Licht am Himmel aufgeleuchtet war. Beim Kauen und Schlucken hatte Hübir beobachtet, wie es immer heller und heller wurde, er hatte sich verschluckt, nach Luft geschnappt, hinaufgestarrt, seinen Stock mit beiden Händen zusammengepresst, als gelte es, Saft aus ihm zu machen. Rudo war in seine Nähe gekrochen, hatte sich jaulend an seine Beine gedrängt. Hübir hatte sich vor lauter Schreck geduckt, denn das Licht breitete sich immer mehr aus über ihm, so nahe, dass er meinte, es könnte sich auf ihn herabsenken, ihn berühren. Er hatte Angst bekommen, hatte seine Hand über die Augen gelegt, zwischen den Fingern hindurchgeblinzelt, hatte sich auf den Boden geworfen, das Gesicht in die Erde gedrückt, die Ohren zugehalten, sich gefürchtet und nicht gewusst, wovor. Die anderen Hirten waren aufgewacht vom Gebell ihrer Hunde, er hatte sie rufen hören, er war wieder auf die Beine gesprungen, zum Feuer der anderen gerannt mit Rudo. Dort hatten sie sich zusammengedrängt wie die Schafe, das Ereignis am Himmel angestarrt, sich festgehalten am Wams des anderen und gestaunt. Einer der Engel hatte ihren Auftritt angekündigt. Er war auf die Bühne des Lichts gekommen und hatte ihnen *Große Freude* verkündet. So heißt ihr Theaterstück, dachte Hübir, es handelt sich um eine Premiere, und wir Hirten sind das allererste Publikum. Dieser Auftritt der Engel war der erste Akt. *Euch ist heute der Heiland geboren.* Und dann der Chor der

Engel, direkt über ihnen, ein Konzert mitten in der Nacht auf freiem Felde, nur für sie, Eintritt frei, die besten Stimmen der Welt, der Chor der göttlichen Herrlichkeit. Und jetzt, dachte Hübir, bin ich unterwegs zum zweiten Akt. Ich werde mir das ganze Stück anschauen. Das will ich mir nicht entgehen lassen.

Und während er in Richtung Bethlehem lief, klopfte einer von innen gegen seine Tür, und Hübir verstand, dass der Vorhang aufgezogen worden war zu einem ganz neuen Stück, das hieß *Große Freude in Hübirs Leben,* ein Stück, das soeben begonnen hatte, und Hübir würde alles tun, damit es weiterging. Es war ganz einfach zu verstehen, die Engel hatten ein leicht verständliches Stück auf die Beine gestellt, eines für Menschen wie ihn, und noch ehe Hübir in Bethlehem ankam, hatte sich sein Klumpfuß in einen gänzlich neuen Hirtenfuß verwandelt, mit dem Hübir jetzt eintrat in den armseligen Stall am Ende der Straße. Dort fand er die kleine Hauptfigur in Windeln gewickelt und in einer Futterkrippe liegen. Hübir erkannte gleich, wer es war: Es war der Von-innen-Anklopfer, der Herzensbewohner selbst, der hier im Stroh lag und seinen Fuß verwandelt hatte. Er kam ihm bekannt vor, der Kleine, er schien Hübir in- und auswendig zu kennen, und da wurde Hübir von einer Zuversicht gepackt, dass er beinahe umgekippt wäre, so eine Wucht hatte sie. Wie gut, dass seine zwei starken Füße ihn auf dem Boden hielten.

Am nächsten Tag ging Hübir nach Hause zu seiner Familie. Er schwang seinen Stock und sah den Lerchen nach, die zwitschernd über die Felder sausten wie Pfeile. Mit dem neuen Fuß lief es sich gut, und Hübir hüpfte und sprang vorwärts. Jetzt aber schnell, dachte er wieder. Was für ein staunendes Publikum würde er haben, wenn er allen von dem neuen Stück erzählte! Von dem Stück, das noch nicht zu Ende war, noch lange nicht. Es hatte ja gerade erst begonnen.

Inge Lehrbach-Bähr

Der ganz andere Advent

„Jetzt aber schnell!“ Sabine schnappte das Päckchen und fuhr los. Es war für ihr Patenkind in Guatemala bestimmt. Sie musste sich beeilen, denn die Post machte gleich zu. Aber dies Geschenk war auch das Letzte, was noch auf ihrer To-do-Liste stand.

In diesem Jahr würde die Adventszeit anders verlaufen als sonst. Sie würde nicht von einer Besinnung zur anderen hetzen. Nein, in diesem Jahr hatte sie besser geplant und alles, was der Besinnung im Wege stand, schon vorher erledigt. Das Haus war schön dekoriert, die Plätzchen waren gebacken. Geschenke hatte sie schon im Herbst besorgt, die Weihnachtskarten waren geschrieben (die musste sie nur noch kurz vor Heiligabend in den Briefkasten werfen) und der Essensplan stand auf einem Notizzettel. Für den Einkauf und den Baum war sowieso ihr Mann zuständig. Und die Seniorenadventsfeier war auch fertig vorbereitet. Sie fühlte sich so gut wie lange nicht. Endlich Advent! Ein schöner Advent voller Ruhe und Besinnung.

Aber dann kam doch alles ganz anders. Wo war er auf einmal hin, der schöne Advent? Wo waren sie geblieben, die Ruhe und die Besinnung? Nichts war so, wie sie es sich gewünscht hatte. Es fing schon mit der blöden Erkältung an. Mit ihrer Schnupfennase konnte sie schlecht schlafen und war tagsüber schlecht gelaunt. Und mit Halsschmerzen konnte sie das Singen vor der Kirche an den Adventssonntagen auch vergessen. Bis zur Seniorenadventsfeier ging es zwar dem Hals besser, aber nicht ihrer Stimmung. Kurz davor musste sie noch zu einem Elterngespräch in die Schule, weil ihr Sohnemann mal wieder eine Mathearbeit in den Sand gesetzt hatte. Nach den mahnenden Worten des Lehrers beschloss sie, umgehend eine Nachhilfe zu organisieren, damit er sich bei der Wiederholungsarbeit verbessern konnte.

Auf den letzten Drücker kam Sabine ins Gemeindehaus. Wie gut, dass andere für das Tischdecken und den Kaffee zuständig waren. Sie hatte dafür die Programmgestaltung übernommen. Doch wo waren die kleinen Geschenke, die sie extra gebastelt und im Schrank deponiert hatte? Keiner wusste Bescheid und Zeit zum Suchen hatte sie auch nicht. Die mussten also bis nächstes Jahr warten ...

Jetzt aber lächeln und Frau Meier begrüßen, die als älteste Besucherin des Seniorentreffs eine Tafel Schokolade bekam (Diät natürlich, daran hatte sie gedacht). Dann durfte sie endlich ihre besinnliche Geschichte vorlesen. Leider war der Kerzenschein so schummrig, dass sie sich mehrmals verlas. Herr Schmidt schlief doch tatsächlich dabei ein und schnarchte ganz laut. Dass hinterher alle restlichen Plätzchen und auch die schönen Sterne in irgendwelchen Handtaschen verschwunden waren, gaben dem Ganzen den Rest.

Der Nachmittag mit ihrer Nichte auf dem Weihnachtsmarkt ging auch völlig daneben. Das Nutella aus den Crêpes landete auf dem schicken Mäntelchen, die Trostbratwurst im Matsch und an der heißen Schokolade verbrannte sie sich heftig die Zunge. Stimmung ade. Dann war da noch die Panne, dass sie die Liefer- mit der Rechnungsadresse verwechselt hatte und ihre Freundin die Zahlungsaufforderung, aber nicht den Hotelgutschein bekam. Dabei sollte das Wellness-Wochenende so eine schöne Überraschung werden.

Ihren Mann erwischte die Erkältung vier Tage vor Weihnachten. Natürlich war er sehr krank und sehr pflegebedürftig. Und natürlich durfte sie den Großeinkauf machen und den Baum besorgen. Und wenn sie mal wieder auf ihren schönen Adventskalender mit den tief gehenden Texten schaute, dann merkte sie, dass sie schon wieder eine Woche lang nicht innegehalten und nichts gelesen hatte. Wo war er denn geblieben, der „Andere Advent"?

Und jetzt war Heiligabend. Sie stand in der Kirche und hatte die Schriftlesung zu halten. Lukas zwei, wie jedes Jahr. Fast hatte sie sich überlegt, die Worte ohne Bibel in der Hand vorzutragen, weil sie den Text sowieso in- und auswendig kannte. Aber dann las sie doch: „Es begab sich aber zu der Zeit …"

Was begab sich nicht alles, das man nicht geplant hatte? Und auf das man nur noch reagieren konnte – wie Maria und Josef auf den Befehl der Volkszählung und sie selbst auf Erkältung, Schulprobleme und eigene Dummheit? Die beiden waren losgegangen und sie hatte es auch bis hierhin geschafft. Ob sich Maria überhaupt Vorstellungen von der Geburt gemacht hatte? Sie selbst hatte damals ihren Sohn gerne zu Hause entbinden wollen – wie Maria sicher auch. Aber nach zehn Stunden Wehen wurden die Herztöne schlechter. So war sie mit Blaulicht ins Krankenhaus und ihr Sohn mit einem Notkaiserschnitt zur Welt gekommen. Ob es bei Maria auch so lange gedauert hatte? Wie fühlte es sich wohl an, mit Senkwehen durch die Gegend zu marschieren? Ob ihr außer Josef wohl noch jemand geholfen hatte? Beim ersten Mal weiß frau ja noch nicht, was auf sie zukommt. Auf jeden Fall war es anders gewesen als geplant.

Und dann das Glück, den kleinen Sohn im Arm zu halten. Zu wissen, jetzt ist das Schlimmste erst mal vorbei. Was Maria sich für ihn wohl vorgestellt hatte? Bei der Geburt denkt eine Mutter ja noch nicht so weit. Da wünscht sie sich vielleicht eher, dass er wächst und gedeiht und gesund bleibt, einigermaßen in der Schule zurechtkommt und einen Beruf lernt, mit dem er seine Familie ernähren kann. Das hatte sie sich zumindest für *ihren* Sohn gewünscht … obwohl das mit dem Hauptschulabschluss jetzt schon auf der Kippe stand. Es lief bei Maria anders als erhofft – genau wie bei ihr.

Völlig anders erlebten auch die Hirten diese Nacht. Da wurde es hell und laut und verwirrend. Sie hörten Worte, die fremd für sie waren und ihren Horizont überstiegen.

Von Freude und Heiland und Windeln und Krippe war da die Rede. Und vom Frieden. Wie sehr brauchte die Welt den Frieden, damals wie heute, überlegte Sabine. Wie sehr brauchte sie selbst den Frieden. Sie hatte ihn nicht gefunden in diesem Advent. Die Besinnung war ausgeblieben. Die Freude hatte sie nicht erreicht. Der Alltag und die Schwierigkeiten waren stärker gewesen.

Die Hirten machten sich auf den Weg, um den Wahrheitsgehalt der Engelworte zu überprüfen. „Sie kamen eilend …“, heißt es bei Lukas. Die Neugier hatte ihnen Beine gemacht. Vielleicht auch die Sehnsucht. Die Sehnsucht nach dem Heil, die Sehnsucht nach dem Frieden. Und sie fanden es: das Kind, das Glück, den nahen Gott. Oder fand er sie?

Sabine spürte die Ehrfurcht der Hirten, sah die leuchtenden Augen, fühlte die klopfenden Herzen. Und war angekommen. Da, wo sie nichts mehr tun, nichts mehr vorbereiten, nichts mehr besser machen konnte und wollte. Da, wo sie still wurde und staunte, wo der Friede zu ihr kam. In dem kleinen Kind direkt vor ihr. Da wollte sie bleiben. Da war endlich Advent und Weihnachten.

Und sie hörte sich sagen: „Sabine aber behielt alle diese Worte und bewegte sie in ihrem Herzen.“ Oder hatte sie das nur geträumt?!

Marie-Sophie Maasburg

Weihnachten ohne Päckchen

„Jetzt aber schnell", denkt Anna und schwingt entschlossen die Beine aus dem Bett. Es ist der 24. Dezember und sie hat noch kein einziges Geschenk besorgt. Weder für ihre Eltern noch für ihre Schwester, die drei Brüder, ihre vier Neffen und Nichten – von den Freunden, die sie bedenken muss, ganz zu schweigen. Jedes Jahr der gleiche Stress. Obgleich sie es nie schaffte, vor Heiligabend ein einziges Geschenk zu besorgen, bedeutete das nicht, dass der Stress erst mit dem Weihnachtstag begann. Weit gefehlt! Schon seit dem ersten Advent schleppte sie ein latent schlechtes Gewissen mit sich herum. Sie hatte sich fest vorgenommen, dieses Jahr nicht in Weihnachtsstress zu verfallen, sondern alles rechtzeitig fertig zu haben, zur Ruhe zu kommen und sich auf das Wichtigste zu konzentrieren: auf Jesu Geburt.

Nächstes Jahr werde ich es schaffen, denkt Anna und eilt los. Kaum ist sie in der Stadt, wird sie erschlagen von einer Menschenmenge, die sich auf der Jagd nach Geschenken durch die Stadt wälzt. Sie kommt kaum vorwärts und meint, sich durch eine klebrige Masse kämpfen zu müssen. Irgendetwas ist ungewöhnlich, aber was nur? Überall leuchten bunte Lichter und aus den Geschäften tönen mehr oder weniger besinnliche Musikfetzen. Es duftet nach Lebkuchen und … *Safran*. Sie runzelt die Stirn. Eindeutig Safran.

Anna schiebt die Verwirrung, die sich ihrer bemächtigt, beiseite und eilt von einem Geschäft ins nächste. Bald hat sie Tüten und Päckchen unter den Armen und weiß kaum, wie sie noch etwas schleppen soll. Aber trotz der vielen Tüten ist auf ihrer Liste erst ein Name abgehakt. Wie kann das sein? Sie gerät in Panik. Wie soll sie nur alles schaffen? Sie hat ja kaum mehr eine Hand frei. Kurzerhand schiebt sie die Pakete auf ihren Kopf. Erst eins, dann zwei, dann drei. Vorsichtig versucht sie, das Gleichgewicht zu halten, bis sie schließlich sieben Päckchen auf dem Kopf balanciert.

Aus dem Augenwinkel sieht sie einen Rikschafahrer. Moment, einen Rikschafahrer? In München? Ihr schwirrt der Kopf. Den könnte ich nehmen und für nur eine Rupie würde er mich und meinen Geschenkeberg nach Hause bringen. Ihr Hals wird bereits steif von dem Versuch, die Geschenke auf dem Kopf auszubalancieren. Da rieselt plötzlich Sand aus einem der Päckchen. Dann aus zweien. Wieder huscht die Rikscha durch ihren Augenwinkel. Verzweifelt versucht Anna, den Sand aufzufangen, der nun aus allen ihren Päckchen quillt. Ihr Hals schmerzt, während sie versucht, das Gleichgewicht zu halten, und schon wieder saust der Rikschafahrer an ihr vorbei. Dabei klingelt er wie verrückt mit einem rosa Glöckchen …

„Anna, jetzt aber schnell!“ Jemand rüttelt an ihrer Schulter und das klingelnde Glöckchen entpuppt sich als das Läuten ihres Weckers. Mühsam versucht Anna, wach zu werden.

Sarah beugt sich über sie. „Wir müssen los!"

Anna rappelt sich auf und reibt sich den steifen Nacken. Während sie langsam aus ihrem Traum in die Wirklichkeit zurückfindet, atmet sie erleichtert auf. Gott sei Dank, alles ein schrecklicher Albtraum! Dieses Jahr wird es keinen Weihnachtsstress geben. Sie ist in Kalkutta und es ist zwanzig vor sechs. Um sechs ist Heilige Messe bei den Schwestern von Mutter Teresa und anschließend wird sie in das Haus der Sterbenden gehen und mit den anderen Freiwilligen ihren Dienst tun.

Sie setzt sich auf und schließt kurz noch einmal die Augen. Dieses Jahr hat sie Nägel mit Köpfen gemacht und ist kurz entschlossen nach Kalkutta gereist, um über die Feiertage etwas wirklich Sinnvolles zu tun. Ihre Familie war fassungslos, als sie sie mit ihrem Entschluss konfrontierte. Aber sie hatte sich nicht abhalten lassen, hatte den Flug gebucht, einen Rucksack gepackt und war abgereist. Einfach so.

Und nun ist sie hier. Sie ist hundemüde; ihr tun alle Glieder weh von den Nächten auf den uralten Betten in der Jugendherberge. Seit Tagen hat sie nicht anständig geduscht. In dieser einen Woche hat sie mehr Leid gesehen als jemals zuvor in ihrem ganzen Leben. Und doch ist sie glücklich.

Anna steht auf, begnügt sich mit der üblichen Katzenwäsche und beruhigt ihren knurrenden Magen mit einer

Banane. Dann verlässt sie mit Sarah die Jugendherberge und sie wandern die Straße hinunter zum Mutterhaus. Dabei müssen sie gut aufpassen, dass sie nicht auf Menschen treten, die am Straßenrand schlafen. Alles, was diese besitzen, passt als Kopfkissen unter ihr Haupt. Wie üblich heften sich ein paar Kinder an ihre Fersen und strecken bittend die Hände aus. Anna verteilt eine Packung Kekse und denkt an die Weisung, ihnen kein Geld zu geben. Nach der Messe mit den Schwestern trennen sich ihre und Sarahs Wege. Sarah geht ins Kinderheim und Anna ins Haus der Sterbenden.

Am Abend dieses anstrengenden Tages geht Anna in die Weihnachtsmesse im Mutterhaus. Jede Messe, die Anna bisher bei den Schwestern erlebt hat, war innig, heilig und schön. Diese Weihnachtsmesse jedoch ist besonders bewegend: Weihrauch erfüllt die Luft und *Stille Nacht, heilige Nacht* ertönt in lauter verschiedenen Sprachen. Der Chor der Schwestern klingt fast wie ein Engelschor. Alles, was sonst an Weihnachten eine Rolle spielt, ist dieses Jahr zu Hause geblieben. Anna ist einfach nur da – ganz offen und mit leeren Händen.

Ihre Gedanken wandern zurück ins Haus der Sterbenden. Heute hat Soraya, eine alte Frau, in ihren Armen den letzten Atemzug getan. Noch nie hat Anna etwas derartig erschüttert – und zugleich mit einer Wärme erfüllt, die sie nicht beschreiben kann. Sie weiß, dass sie nichts weiter für Soraya hätte tun können. Seit einer Woche ist sie einfach nur da gewesen und hat ihr täglich die Füße und den

Kopf massiert. Obgleich Soraya sie nicht verstehen konnte, hat sie ihr heute mit leiser Stimme erzählt, warum wir Weihnachten feiern: weil Jesus als kleines, nacktes, armes und hilfloses Kind auf diese Welt gekommen ist, um die Menschen zu erlösen. Von den Schwestern weiß sie, dass Soraya dieses Geschenk bereits angenommen hat und sich hat taufen lassen. Als Anna aufhörte zu sprechen, huschte ein Lächeln über das Gesicht der alten Frau und dann schloss sie ihre Augen für immer. Einfach so.

Anna wischt sich die Tränen von der Wange und lächelt. Nach der Messe haben die Schwestern Tee und Kuchen für alle Freiwilligen vorbereitet. Mit eifrigen, strahlenden Gesichtern wieseln sie herum und sehen zu, dass keiner leer ausgeht. Die Stimmung ist so heiter und gelöst, wie Anna es noch nie erlebt hat. Niemand hat hier ein Geschenk bekommen; es gibt keine schön verpackten Päckchen und keine Plätzchenberge. Und doch fühlt sie sich beschenkt. Mehr als je zuvor.

Mit einem frohen Licht im Herzen wandert Anna zurück zur Jugendherberge. Morgen um halb sechs wird sie wieder aufbrechen in einen neuen Tag und Decken an die Rikschafahrer verteilen. Sie denkt an ihren wilden Traum in der vergangenen Nacht und muss plötzlich laut lachen. Vielleicht findet sie ja irgendwo ein rosa Glöckchen, um es einem der Fahrer zu schenken …

Andreas Malessa

Was man so mit anhört

Jetzt aber schnell. Vorwärts, nur vorwärts! Verrät sein erschöpftes Keuchen, wohin er läuft? Jeder Atemzug in seiner Brust brennt wie Feuer. Während der letzten drei Winkelzüge in den dunklen, engen Gassen hat er seine Verfolger doch abgeschüttelt, oder nicht? Am Stadttor waren die römischen Legionäre von ihren Pferden abgestiegen und zu Fuß hinter ihm her gerannt. Aber in gepanzerter Weste und mit schweren Waffen am Gürtel sind sie wohl schneller aus der Puste als er.

Er, Simon, einer der „Zelotes“. Einer der „Zornigen“, wie jüdische Sympathisanten seine Widerstandsgruppe nennen. „Sicarii“ sagen die Römer, „Dolchmänner“. Terroristen, die im Schutz dichter Menschenmengen möglichst hochrangige römische Militärs abstechen.

Während er sich an der Rückwand eines Hauses entlangdrückt, gibt diese plötzlich mit lautem Knarzen nach. Eine Tür! Simon stolpert rücklings in eine stockdunkle Kammer, fällt krachend über allerlei Gerümpel und bleibt erschrocken liegen. Ein beißender Schmerz durchfährt ihn.

„Mutter?“ Von nebenan ist eine helle Mädchenstimme zu hören. Simon erkennt auf dem Lehmboden den waagerechten Lichtstreifen einer nur angelehnten Tür zum Nebenraum. „Mutter? Anna, bist du’s?“ Der Schatten zweier Füße kommt näher und verdunkelt den Lichtstreifen unter der Tür. J…jetzt, in der nächsten Sekunde, muss sie eintreten! Ein Albtraum. Simon Zelotes ist den Römern entkommen, wird aber mit einem Mädchen in der Rumpelkammer erwischt? Katastrophe! Sie wird vor Schreck schreien. Ihr Vater, ihre Brüder werden hereinstürmen und ihn, den keuchenden Wüstling, zusammenschlagen.

„Sei gegrüßt, Maria, du Begnadete des Herrn!" Plötzlich erfüllt eine volltönende Männerstimme, freundlich, aber seltsam gebieterisch, den Wohnraum drüben. Die Frau dreht sich offenbar herum, vielleicht kniet oder setzt sie sich jetzt hin. Der Lichtstreifen unter dem Türspalt verdunkelt sich auf ganzer Breite. „Fürchte dich nicht, Maria, du wirst schwanger werden …"

Was redet der da?! Simon Zelotes bricht erneut der Schweiß aus. Zu Angst, Erschöpfung und Wundschmerz kommt jetzt die Scham. Wird er gleich Ohrenzeuge einer Vergewaltigung werden?! Der Sprechende gehört nicht zur Familie der Frau, so viel lässt sich aus der Begrüßung schließen. Er ist unaufgefordert in ihr Zimmer gekommen. Und sofort geht's ums Schwangerwerden? Zitternd tastet Simon nach dem Dolch unter seiner Tunika.

„Jesus soll er heißen …", redet die seltsam schwingende Stimme weiter, „und mächtig wird er sein und man wird ihn Sohn des Höchsten nennen und Gott wird ihm den Thron seines Vaters David geben, er wird die Nachkommen Jakobs für immer regieren."

„Unser Traum vom Messias!", schießt es Simon durch

den dröhnenden Kopf. „Der unbekannte Kerl da drüben redet von Gottes Erlöser!“ Aber … wieso als Kind? Wieso errichtet Gott sein Reich des Friedens und der Gerechtigkeit nicht durch Leute wie mich, den Guerillakämpfer? Wofür haben wir jahrelang unser Leben aufs Spiel gesetzt, wenn der erhoffte Messias jetzt als … Nein, falsch! Nie im Leben. Wenn, dann befreit Gott sein Volk ganz ohne menschliches Zutun. Mit Engelheerscharen vom Himmel. Durch Plagen wie bei Mose in Ägypten damals.

Simon spürt seine Schürfwunde am Ellenbogen, er muss husten und überhört beinah die schüchterne Rückfrage der jungen Frau. „Wie soll das geschehen? Ich bin doch noch gar nicht verheiratet?“

Der Zelot verdreht die Augen. Dieses unbedarfte Weibchen! Fragt nicht: „Wieso gerade ich?“ Sie fragt bloß: „Wie?“ Ja, wie wohl? Durch Pollenflug, oder was?

„Der Heilige Geist wird über dich kommen und die Kraft Gottes wird sich an dir zeigen, deshalb wird das Kind heilig sein und Sohn Gottes heißen, denn bei Gott ist nichts unmöglich.“

Jetzt springt sie auf, denkt Simon, und schmeißt den Fremden raus. Schlimmstenfalls zu mir hier in den Abstellraum. Sie ruft bestimmt diese Anna oder eine römische Patrouille. Ich muss raus hier, jetzt aber schnell! Er lauscht angestrengt weiter. Sie müsste wenigstens protestieren. Was sollen ihre Eltern denken, ihre Freunde, ihr Verlobter? Falls sie einen hat. Vorsichtig robbt er sich näher an die angelehnte Tür zur Wohnung.

Die Frau ist offenbar aufgestanden. „Ich bin die Magd des Herrn. Mir geschehe, wie du gesagt hast.“ Ihre Stimme klingt immer noch mädchenhaft, aber nicht mehr so schüchtern. Eher fest und entschlossen. Simon hält den Atem an. Und weiter? Ist das alles? Drüben bewegt sich was. Und dann: Stille.

Simon stöhnt auf. Seit er kein Kind mehr war, hatte er mutig Nein gesagt. Nein zur römischen Besatzungsmacht, Nein zu den ungerechten Wirtschaftsverhältnissen, Nein zu allem frommen Duldertum und feiger Untätigkeit. Hart war er darüber geworden, grausam sogar, pathetisch arrogant und herablassend gegenüber allen, die nicht so mutig und blutig kämpfen konnten wie er.

Diese lammfromme Frau, kaum einen Meter von ihm entfernt, ist auf eine verwirrend andere Art mutig. Demütig. Sie hat soeben Ja gesagt. Ja zu einer Absurdität: dass Gottes Eingreifen in diese gewalttätige Welt nicht durch Gewalt, sondern durch ein Kind passieren soll. Durch eine machtlose junge Frau und einen ohnmächtigen Säugling? Wie kann jemand bei klarem Verstand zu so etwas Ja sagen? Die Alternative zu zorniger Gewaltbereitschaft ist nicht müde Resignation, sondern heilige Zähigkeit?

Von draußen dringt der rhythmische Stiefeltritt und das Waffenscheppern marschierender Legionäre herein. Simon schwitzt vor purer Panik.

Was? Die Bewohnerin im Nebenzimmer fängt an zu singen! Simon kennt die Melodie aus der Synagoge: „Meine Seele erhebt den Herrn und mein Geist freut sich Gottes, meines Heilandes ..."

Du träumst, sagt sich Simon. Dein Blutdruck sackt weg, du hörst Stimmen. Nicht ohnmächtig werden jetzt, durchatmen!

„... dass er gesehen hat die Niedrigkeit seiner Magd, denn von jetzt an werden mich glücklich preisen alle Generationen."

„Haaaalt!!" Draußen auf der Gasse kommt der römische Trupp zum Stehen. „Was is?" Die bellende Stimme des Patrouillenführers. „Nix is. Ne Frau singt fromme Lieder in dem Loch!" Der Soldat steht eine Schwertlänge entfernt von ihm. Bei geöffneter Kellerluke müsste er Simons Angstschweiß riechen können. „Na dann. Abteilung ... marsch!" Das rhythmische Rasseln der Kohorte setzt wieder ein und entfernt sich.

Leiser werdend mischt sich ihr Geräusch mit dem dünnen, zerbrechlich wirkenden Klang der Frauenstimme: „Großes hat der Mächtige getan, heilig ist sein Name und seine Barmherzigkeit währt generationenlang."

Simon Zelotes atmet erleichtert aus. Ein Traum, jawohl. Aber ein realer. Er ist gerettet – fürs Erste. Niemals, in seinem ganzen wilden Kämpferleben nicht, hatte der schlichte Singsang einer Frau waffenstarrende Militärs zum Rückzug veranlasst.

„Gott übt Macht aus mit seinem Arm, er stürzt Herrscher vom Thron und richtet Unterdrückte auf. Hungrige beschenkt er mit Gütern und Reiche lässt er leer ausgehen."

Im Nebenraum begleiten jetzt dumpfe Schläge den Gesang des Mädchens. Füße auf Holzdielen, vermutet Simon. Lichtschein und Schatten unter dem Türspalt wechseln in schneller Folge. Tatsächlich, sie tanzt! Schade, dass ich nicht zusehen darf. Ein Lächeln huscht über Simons Gesicht. Wie sich ihr junger Körper wohl im wiegenden Rhythmus dreht, ihre niedlichen Füße den Takt treten? Ob sie ihr Haar offen trägt, ob sie dunkle Augen hat? Träum nicht, du Idiot. Du musst raus hier, aber schnell.

„Seine Barmherzigkeit hat er uns zugesagt, ja, er wird seinem Volk Israel helfen!" Ihre Stimme klingt energisch. Von wegen unbedarft, denkt Simon und muss wieder ein schmerzhaftes Husten unterdrücken. Von wegen stilles Dulderchen. Wenn Gott uns auf so menschliche, barmherzige Weise retten will – dann ist ihr demütiges Ja zu seinem Willen das allermutigste Nein, das sie dieser lieblos ungerechten Welt entgegenschleudern kann. Eine Traumfrau. Anmutig, demütig und unglaublich mutig.

Simon richtet sich mühsam an der Wand auf, kneift die Augen zusammen, als würden seine Bewegungen dadurch geräuschlos, stößt eine staubige Amphore um und hechtet durch die knarzende Luke ins Freie. Geschafft! Gesang und Tanz hinter der Wohnungstür brechen schlagartig ab.

„Anna, suchst du was?", ruft die Frauenstimme.

PS: Simon Zelotes und Maria sind sich 30 Jahre später übrigens persönlich begegnet.

Birthe zur Nieden

Traumdeuter

„*Jetzt aber schnell*, sonst kommst du zu spät zur ersten Probe!“ Sarah Petersen schob ihre siebenjährige Tochter Lea Richtung Wohnungstür, während sie den Autoschlüssel vom Schlüsselbrett nahm.

„Ohne mich fängt eh keiner an, ich bin schließlich ein heiliger drei König!“, verkündete Lea und hopste die erste Stufe hinunter.

Sarah schloss die Tür ab. „Du bist eben *kein* König, sondern ein weiser Sterndeuter aus dem Morgenland, das habt ihr doch am Sonntag im Kindergottesdienst besprochen, oder nicht?“

„Ach so, stimmt. Schade, Könige wären viel cooler.“

„Tja, aber die stehen nun mal nicht in der Bibel ... Und jetzt los, wir wollen die anderen doch nicht warten lassen!“

Als sie den Treppenabsatz im ersten Stock erreichten, hielt Sarah unwillkürlich die Luft an und ging einen Schritt schneller. Aber es half nichts. Die Tür zu Frau Neumanns Wohnung öffnete sich mit einem leisen Klingeln des Windspiels, das davorhing.

„Frau Petersen! Wusste ich doch, dass Sie und Lea das sind ... Ich habe richtig eure Schwingungen gespürt! Haben Sie einen Moment Zeit? Ich habe gerade Kekse gebacken.“

Sarah seufzte innerlich. Frau Neumann lebte allein, war

Ende fünfzig und immer ein bisschen aufdringlich. Aus irgendeinem Grund schien sie einen besonderen Narren an ihr und Lea gefressen zu haben. „Leider nein, wir sind gerade auf dem Sprung und schon spät dran", sagte sie. „Wiedersehen, Frau Neumann!"

„Ach, äh, Frau Petersen, ich hätte da noch eine Bitte ..."

Sarah konnte nicht verhindern, dass sie tatsächlich hörbar die Luft ausstieß. „Um was geht's denn?"

„Ich warte auf eine Bestellung, die morgen ankommen soll, aber da bin ich den ganzen Tag auf einem Meditationskurs in der Volkshochschule. Könnten Sie das Päckchen wohl annehmen, falls Sie da sind? Es ist ein Buch über Traumdeutung. In Träumen ist ja so viel über unsere Seele zu lesen – und ich glaube auch, dass über Träume die Engel mit uns Kontakt aufnehmen können, wenn wir es zulassen!"

„Den Weihnachtsengel darf Maike spielen", mischte sich Lea in das Gespräch ein. „Der hat die Hirten wach gemacht und ganz laut gerufen ... Ich glaub' aber nicht, dass die noch geträumt haben ... und bei dem hellen Licht ..."

Sarah beeilte sich, das Gespräch an dieser Stelle abzubrechen. „Also, wenn ich zu Hause bin, geht das natürlich klar, Frau Neumann. Jetzt müssen wir aber wirklich los. Wiedersehen!" Während sie die restlichen Treppen hinunterhasteten, murmelte Sarah vor sich hin: „Die soll mich bloß mit ihrem esoterischen Kram in Ruhe lassen!"

„Was ist denn das?", fragte Lea und Sarah bereute sofort, ihre Gedanken nicht für sich behalten zu haben.

„Also Esoterik ist, wenn man nicht wie wir an Gott und Jesus glaubt, sondern eben an Träume, an irgendwelche komischen Energien, oder dass die Sterne über uns wachen und man aus ihnen die Zukunft deuten kann."

„Und das glaubt Frau Neumann?"

„Sieht so aus. Und ich möchte damit so wenig zu tun haben wie möglich. Aber jetzt rein mit dir ins Auto!" Während der Fahrt war Lea ungewöhnlich still und Sarah fand das zur Abwechslung mal ganz entspannend. Sie überlegte, wie sie die Zeit in der Innenstadt nutzen konnte, während Lea in der Probe war. Zum Beispiel könnte sie schon mal nach Weihnachtsgeschenken Ausschau halten.

Sie fand gerade noch einen Parkplatz und sprang aus dem Auto, doch Lea machte keinerlei Anstalten auszusteigen. Sarah öffnete ihre Tür. „Na los, träum nicht, die anderen sind schon alle drin!"

Die beiden beeilten sich, in die Kirche zu kommen. Vor dem Altar scharten sich etwa fünfzehn Kinder um drei Mitarbeiterinnen, die bereits erste Anweisungen gaben. Lea verschwand gleich in der aufgeregt schnatternden Kindergruppe.

Sarah schickte ein „Hallo!" in die Runde und fügte hinzu: „Katja? Falls was ist, ruf mich auf dem Handy an, ich gehe ein bisschen bummeln. Meine Nummer hast du, oder?"

Die junge Frau nickte, und Sarah trollte sich. Zugucken galt nicht, das hatte ihr Lea schon zu Hause klargemacht. Im Vorraum bemerkte sie, dass die Gemeindebriefe und verschiedenen Flyer und Prospekte, die dort in einem Ständer zum Mitnehmen arrangiert waren, kreuz und quer durcheinanderlagen. So blieb sie noch einen Moment stehen, um die Hefte zu sortieren. Da hörte sie plötzlich klar und deutlich Leas Stimme durch die halb offene Tür zum Kirchenraum.

„Ich will aber lieber einen Hirten spielen."

Überrascht schaute Sarah von den Prospekten hoch. Das war ja etwas ganz Neues! Den Mitarbeiterinnen ging es wohl ähnlich. Katjas Stimme klang ganz verdattert. „Aber Lea – du warst doch am Sonntag noch ganz begeistert, dass du einen der drei Weisen spielen darfst!"

„Ich will aber nicht so ein Eoretiker sein!"

„Ein was? Meinst du Theoretiker? Aber die Weisen waren eigentlich doch sehr praktisch, sie haben sich auf ihren Kamelen auf den Weg gemacht, um den neugeborenen König zu suchen, statt vor ihren theoretischen Büchern sitzen zu bleiben!"

„Nein, ich meine doch was anderes. So ein Ero… na, so ein Traumdeuter halt. Mama sagt, Traumdeuter und Sterndeuter sind so E-Leute, und die glauben nicht an Gott. So einer will ich nicht sein!"

„Ach, Esoteriker meinst du! Tja, da sagst du jetzt aber was … Eigentlich stimmt das, die Weisen aus dem Morgenland waren tatsächlich so was wie Esoteriker, wenn man es sich recht überlegt."

„Ja, weil … Sie haben ja die Sterne gedeutet!"

„Meine Tante liest immer so ein Horoskop, wo drinsteht, was die Sterne heute sagen", warf Aaron ein. „Papa findet das auch nicht gut, aber ich hab Tante Claudia trotzdem lieb!"

„Das kannst du auch, Aaron", sagte Katja. „Wenn jemand was macht, was man nicht gutfindet oder was Gott nicht gutfindet, dann heißt das nicht, dass man mit demjenigen nichts mehr zu tun haben sollte. Man darf aber sagen, dass man es für falsch hält – und man sollte nicht selbst damit anfangen. Seht ihr, diese Sterndeuter damals, die haben ja auch den Sternen vertraut und nicht Gott. Vielleicht kannten sie Gott gar nicht, oder sie wollten nichts von ihm wissen. Trotzdem hat Gott nicht gesagt: Mit denen will ich nichts zu tun haben, sondern er hat sogar ihren Aberglauben benutzt und einen Stern geschickt, der sie zu Jesus geführt hat. Stellt euch das mal vor: zuerst die Hirten, die keine feinen und auch keine besonders frommen Leute waren, und dann auch noch ein paar Esoteriker, die eigentlich an Sterne glaubten. Und genau denen zeigt Gott als Ersten seinen Sohn. Er ist manchmal ganz schön anders, als wir das denken, nicht wahr?"

„Hm", machte Lea. „Und warum hat er es ausgerechnet denen gesagt und nicht irgendwelchen normalen Leuten?"

„Wissen können wir das nicht. Aber vielleicht, weil sie dafür offen waren und ihm zugehört haben. Weißt du, ich denke, all die Leute, die damals und heute an solche Dinge glauben, die suchen eigentlich nur nach Gott. Bloß eben an der falschen Stelle."

Einen Augenblick war es ganz still. Dann hörte Sarah

ihre Tochter tief einatmen und sagen: „Ich glaube, dann will ich doch so einen Esoretiker spielen.“

„Prima! Dann können wir ja anfangen. Am besten wir lesen erst mal in verteilten Rollen …“

Vorsichtig legte Sarah den Stapel Flyer in den Ständer, den sie die ganze Zeit in der Hand gehalten hatte. Ja, Gott war manchmal wirklich ganz schön anders. Manchmal sprach er auch durch Kinder und durch belauschte Gespräche zu einem. Weihnachten hieß tatsächlich, dass alle kommen konnten. Weihnachten bedeutete eine Chance für jeden, auch wenn er noch auf einem falschen Weg war. An der Krippe war Platz für all die Suchenden auf dieser Welt, für die Verlorenen und Kaputten und Einsamen. Und dazu gehörte sicher auch Frau Neumann mit ihrer Traumdeutung. Ganz sicher schaute Gott ihre Nachbarin voller Liebe an und wollte, dass sie zu ihm fand. Und vielleicht waren sogar Sarah und Lea aus dem zweiten Stock die Sterne, durch die er ihr den Weg zu sich zeigen wollte?

Statt ins Kaufhaus ging Sarah zum christlichen Buchladen und kaufte ein kleines Büchlein über die Weihnachtsbotschaft. Denn morgen würde sie auf die Post warten, und wenn Frau Neumann später ihr esoterisches Buch abholte, sollte sie einen Hinweis auf denjenigen dazubekommen, der ihre Sehnsucht wirklich stillen konnte. Sarah wollte dafür beten, dass sie die Einladung annahm und sich auf den Weg zu Jesus machte, genauso wie die Sterndeuter aus dem Morgenland.

Katrin Schäder

Arne und sein Weihnachtsengel

Jetzt aber schnell! Arne bückte sich, um sich die Schuhbänder zuzubinden. Das ging auch immer schlechter, wie er ächzend feststellte. Was da im Wege war, wollte er aber gar nicht so genau wissen. Er hatte es nämlich eilig. Sehr eilig.

Gestern Abend war ihm siedend heiß eingefallen, dass er für Martina, seine „Sternschnuppe“, wie er sie oft scherzend nannte, noch kein Geschenk hatte. Jedenfalls kein richtiges. Und das am Tag vor Weihnachten. Eigentlich wollten sie sich ja gar nichts schenken. Höchstens eine Kleinigkeit, so als symbolische Überraschung am Weihnachtsabend, zwischen Stollenkaffee und Kartoffelsalatwürstchen. Eigentlich eine ganz nette Geste, das musste sogar er zugeben. Aber bisher hatte er eben nichts, noch nicht mal eine Idee. Da war ihm Sternschnuppe Martina unabsichtlich zu Hilfe gekommen – glaubte er wenigstens.

„Im Laden für große Größen mit der netten griechischen Verkäuferin – du weißt schon: am Postplatz, gleich links – da gibt es ein tolles Sonderangebot. Traumhaft schöne T-Shirts für 30 Euro! Angela hat sich gleich zwei gekauft! Schade, aber ich habe wirklich keine Zeit, da noch hinzufahren. Na ja, man kann nun mal nicht alles haben!“ Und mit diesen weisen Worten hatte Martina sich abgewandt, um den Salat fürs Abendessen vorzubereiten. Arne hatte sich Martinas Worte im Geiste notiert. Gleich am nächsten Tag nach der Rückkehr aus dem Büro machte er sich an die Ausführung.

So, der erste Schuh war zu! Arne stellte entschlossen den anderen Fuß auf einen kleinen Hocker. Damit ging es entschieden besser. Ein T-Shirt kaufen, das kann doch nicht so schwer sein!, redete er sich selbst gut zu. Du fährst jetzt zum Postplatz, kaufst so ein Ding – und fertig ist die Weihnachtsüberraschung! Über die Konfektionsgröße der geplanten Anschaffung machte er sich keine Gedanken, denn schließlich hatte Martina etwas von „Einheitsgröße“ gemurmelt. Und er hatte sich tunlichst alle gehässigen Bemerkungen wie „Wenn es angeblich jedem passt, passt es in Wirklichkeit keinem richtig!“ verkniffen. Frauen hatten sowieso einen anderen Blick auf solche Dinge. Diskussion zwecklos.

Ratz! Da hatte er das eine Ende des Schnürsenkels in der Hand, der größere Teil steckte noch im Schuh. Arne entfuhren einige Ausdrücke, die seine humorbegabte Schwiegermutter „braune Wörter“ nannte. Nach kurzer Überlegung fuhr er schimpfend in die für Sonn- und höhere Feiertage reservierten „guten Schuhe“ mit Klettverschluss und rannte gleich darauf, immer zwei Stufen auf einmal nehmend, die Treppe hinunter.

O Wunder, das Auto sprang trotz Minustemperaturen beim ersten Versuch an, immerhin. Und schon bog Arne um die Ecke auf die kurvenreiche Landstraße, die ihren Vorort mit der nahen Kleinstadt verband. Endlich! Die Zeit müsste für seine Pläne eigentlich noch reichen – er schöpfte wieder Hoffnung. Doch schon nach der ersten Kurve erblickte Arne etwas vor sich, das eigentlich ganz hübsch aussah … wenn man es als weihnachtliche Beleuchtung wahrnahm. Ließ man den dekorativen Aspekt jedoch beiseite, wusste man, dass es sich um eine rote Lichterkette handelte, die sich die Straße entlangwand und aus den Rücklichtern einer langen Autoreihe bestand. Das Ende war nicht absehbar. Ein Stau? Um diese Zeit? Und vor allem: hier? Arne verstand die Welt nicht mehr. Aber auch wenn er sie verstanden hätte, es hätte ihm wenig genutzt. Das Auto stand, er saß – und vor ihm bewegte sich so gut wie nichts.

Um sich von seinem Ärger und etwaigen Spätfolgen abzulenken, stellte er sich vor, wie sich Martina, seine Sternschnuppe, über das noch zu erstehende T-Shirt freuen würde. Eigentlich eine gute Idee, jemandem eine Freude zu machen. Sollte man viel öfter tun, nicht nur zu Weihnachten. Auch wenn es nicht Gold, Weihrauch und Myrrhe war. Mit Gold konnte man ja heutzutage noch Ehre einlegen, aber mit Räucherharz? Damit wollte er seiner Sternschnuppe besser nicht kommen. Und überhaupt: Das größte Geschenk war doch das Kind in der Krippe, Jesus, Gottes Geschenk an die Menschen. Man vergaß das ja viel zu oft, gestand Arne sich ein. Und so wandte er sich kurz entschlossen genau an diesen Grund der Weihnachtsfreude: „Danke, dass du für uns zur Welt gekommen bist", betete Arne leise, „und bitte, lass mich doch dieses T-Shirt für meine Martina bekommen ... Und hilf mir aus diesem Stau raus!"

Tatsächlich kam die Lichterkette vor ihm langsam in Bewegung, rückte nach und nach weiter. Nach einer knappen Stunde wusste Arne auch, was den Stau verursacht hatte: eine Baustelle direkt auf einer Kreuzung. Ein Wasserrohr war wohl gebrochen, sodass der gesamte Verkehr einspurig an der Unglücksstelle vorbeigeleitet wurde. Nach einer weiteren halben Stunde kam Arne endlich am Postplatz an. Parkplätze waren Mangelware, aber in einer kleinen Nebenstraße konnte er doch noch einen freien erbeuten. Hoffnungsvoll eilte er seinem Ziel entgegen.

Doch was war das? Er konnte kaum glauben, was er da las. Noch einmal und noch einmal buchstabierte er. „Wegen kranck geschlosen!" stand, offenbar eilig hingekritzelt, auf dem Papierblatt, das jemand von innen an die Ladentür geklebt hatte. Er blickte durch die Scheibe. Im Verkaufsraum war alles dunkel. Geschlossen? Das konnte nicht sein! Nicht nach allem, was er ... Arne verkniff sich das Wort „durchgemacht", denn *durchgemacht* hatte er ja wirklich nicht viel. Aber ärgerlich war es doch, sehr ärgerlich. Er musste an den oder die denken, die da „kranck" geworden war, so krank, dass man einen Laden mitten im Weihnachtsgeschäft „schlos". Da musste wirklich etwas Schlimmes geschehen sein.

„Entschuldigen, ich muss aufschließen!", sagte da eine Stimme hinter Arne. Als er sich umdrehte, sah er eine ältere Dame mit einem Schlüssel in der Hand. Sie strahlte ihn an. „Haben Engel bekommen, heute! Deshalb geschlosen!"

Arne guckte verständnislos. „Engel? Sie haben einen Engel bekommen?" Das hatte er jedenfalls verstanden. Die alte Dame sah aber nicht aus, als ob sie psychische Probleme hätte. Eher wie jemand, der gerade eine große Freude erlebt hat.

„Nai, o engonós!", strahlte sie. „Sohn von meine Tochter! Ist meine Engel ... *Enkel*", verbesserte sie sich, als Arne immer noch verständnislos guckte. „Heißt Christos, weil geboren kurz vor Christougenna, Weihnachten! Große Freude!"

Arne musste mit ihr strahlen. „Also ist niemand krank?"

„Nicht krank, Engel bekommen! Aber meine Tochter ist in Krankenhaus. Kann nicht arbeiten heute!"

„Natürlich nicht!" Arne schüttelte verständnisvoll den Kopf. „Wissen Sie, eigentlich wollte ich ... aber, ach egal! Also dann – alles Gute! Grüßen Sie Ihre Tochter! Und Ihren – Christos! Frohe Weihnachten!"

Die Alte zwinkerte ihm zu: „Kala Christougenna! Frohes Weihnachten!"

Arne kam sich vor, als hätte ihm selbst jemand ein Geschenk überreicht. Bis ihm einfiel, wozu er eigentlich in die Stadt gekommen war. Und dass er immer noch mit leeren Händen dastand. Dann ... dann bekam seine Sternschnuppe eben einen Gutschein für ein T-Shirt. Immerhin konnte er ihr die Geschichte erzählen, die er gerade erlebt hatte, und die kam ihm jetzt fast wie ein Traum vor. Der Traum von einem Engel namens Christos.

Arne schmunzelte vor sich hin, während er langsam zum Auto trottete. Als er gerade einsteigen wollte, trat er fast auf ein flaches Päckchen, das neben dem Vorderrad lag. Nanu? Weit und breit war keiner zu sehen, auch Wohnhäuser gab es hier nicht. Der angrenzende Park war menschenleer, auch Passanten gab es keine. Nur Arne, ein Auto und ein Paket, das vom Himmel gefallen schien. Als Arne die unverhoffte Gabe näher inspizierte, kam er aus dem Kopfschütteln nicht heraus. Es war tatsächlich ein T-Shirt, ein sehr hübsches T-Shirt. In einer Einheitsgröße. Und Arne war nun endgültig überzeugt, dass er gerade seinen ganz persönlichen Weihnachtstraum erlebt hatte.

Fabian Vogt

Wie im Traum

„*Jetzt aber schnell.*" Der Vorsitzende des Kirchenvorstands öffnete die rostige Tür, die von der Sakristei in den Kirchgarten führte, und brachte den laut stöhnenden Pfarrer nach draußen, wo auf der Wiese schon ein BWM mit laufendem Motor stand. Die Xenon-Scheinwerfer des Wagens strahlten unwirklich in die fahle Nacht.

„Wir bringen ihn direkt ins Krankenhaus. Tobias, bitte erklären Sie den Leuten, was passiert ist, ja?"

„Ich? Äh ... gut. Was ist mit seiner Predigtmappe?", rief der verdutzte Küster, weil er sah, dass Pfarrer Dr. Wagner sein lilafarbenes Ringbuch noch bei sich trug, als wolle er sich daran festhalten. Doch die Frage verhallte im dumpfen Zuschlagen der Autotüren. Möglicherweise hatte der Theologe auch beim Einsteigen einen weiteren Schmerzenslaut von sich gegeben, der die Aufmerksamkeit seiner Begleiter ganz in Anspruch genommen hatte. Wie auch immer: Es kam keine Antwort. Gedankenverloren schloss Tobias den Zugang zur Sakristei wieder ab. „Na toll."

Der Küster betrachtete einen kurzen Moment die zwanzig ehemaligen Pfarrer der Kirchengemeinde, die ihn griesgrämig aus ihren verblichenen Bilderrahmen anstarrten. „Ich wette, so was hat es zu eurer Zeit nicht gegeben."

Und jetzt? Hinter der Wand saßen rund dreihundert

Gottesdienstbesucher und warteten begierig auf die Weihnachtspredigt. Pfarrer Dr. Wagner ... Tja, der war wenige Minuten zuvor wie in jedem Gottesdienst nach der Lesung in der Sakristei verschwunden, um von dort aus die steile Treppe zur Kanzel hinaufzusteigen, die hoch über dem Altar thronte. Nur war er diesmal ... ausgerutscht ... und irgendwie ... runtergefallen. Sein lauter Aufschrei „Scheiße!“, der so gar nicht in einen Gottesdienst passte, war trotz der Holzwand in der ganzen Kirche zu hören gewesen. Offensichtlich war der Pfarrer so unglücklich aufgekommen, dass er sich den Fuß oder den Knöchel gebrochen hatte. Zumindest behauptete das der Vorsitzende des Kirchenvorstands, der zwar als Gynäkologe praktizierte, aber trotzdem schnell mit einer Diagnose bei der Hand war: „Komplizierter Splitterbruch. Muss sofort operiert werden.“

Durch die Wand war das Gemurmel der Menschen zu hören. Natürlich. Sie hatten ja alle den unweihnachtlichen Schreckensruf gehört. Nachdem die Organistin geistesgegenwärtig alle 15 Strophen von „Vom Himmel hoch, da komm ich her“ und alle 12 Strophen von „Fröhlich soll mein Herze springen“ intoniert hatte, war selbst dem letzten Gottesdienstbesucher klar geworden, dass hier etwas nicht stimmte.

Langsam stieg Tobias die abgetretenen, speckigen Stufen hoch. Er öffnete die schmale Holztür am Treppenabsatz und trat hinaus auf die Kanzel. Schlagartig wurde es still in der Kirche. Mucksmäuschenstill. Dreihundert Augenpaare richteten sich auf den Küster. Ein verwirrendes Gefühl. So etwas hatte er schon ein paar Mal geträumt, aber das waren keine angenehmen Träume gewesen.

Tobias musste schlucken. Dann sagte er über das blechern klingende Mikrofon: „Pfarrer Dr. Wagner ist gerade gestürzt und hat sich verletzt. Vermutlich ein Bruch. Zwei Leute vom Kirchenvorstand fahren ihn jetzt in die Klinik ... Nun ... Dummerweise hat er auch seine Predigtmappe mitgenommen. Also, ich fürchte, dass es heute leider keine Predigt geben wird ... Aber zum Glück haben Sie die Weihnachtsgeschichte ja schon in der Lesung gehört. Ich wünsche Ihnen noch einen gesegneten Heiligen Abend ... Und wir singen noch ein Lied."

Der Küster wollte sich schon umdrehen, als jemand von der Empore rief: „Aber was bedeutet sie?"

Verdutzt blickte Tobias auf, konnte aber den Rufer im Halbdunkel nicht erkennen. „Äh, wer denn?"

„Na, die Weihnachtsgeschichte. Was bedeutet sie für uns heute? Wir können doch jetzt nicht einfach nach Hause gehen. Das ist doch nicht in Ordnung."

Zustimmendes Gemurmel aus den Reihen.

„Genau." Dann wieder ein Augenblick der Stille.

Der scheue Mann auf der Kanzel zuckte mit den Achseln. „Woher soll ich das wissen? Pfarrer Dr. Wagner hat ja zu Beginn gesagt, dass er heute über Weihnachtsträume sprechen wollte ... Also ... Ich meine ..." Plötzlich hob er trotzig den Kopf. „Was ... was ist denn für Sie ein echter Weihnachtstraum?"

Die Frage hing erwartungsvoll im Raum. Kurze Zeit rührte sich niemand. Dann stand im vorderen Teil der Kirche ein etwa vierzehnjähriges Mädchen auf.

„Dass ich keine Angst mehr haben muss – wie das der Engel auf dem Feld den Hirten verkündet: ‚Fürchtet euch nicht.‘ Das ist mein Weihnachtstraum. Keine Angst mehr. Weil Gott stärker ist als jede Furcht."

Einige klatschten.

Gleich darauf erhob sich ein älterer Herr an der Seite. „Mein Traum ist, dass jeder persönlich erfährt, dass Gott für ihn Mensch geworden ist. Weil das zeigt, wie wertvoll wir für Gott sind."

Er hatte sich noch nicht wieder hingesetzt, als ein glatzköpfiger Mann die Stimme erhob. „Friede auf Erden. Das verkündet der Engel doch auch. Das ist mein Traum. Ich glaube nämlich, dass das geht, wenn man die Botschaft Jesu ernst nimmt. Aber um ehrlich zu sein: Meist schaffe ich es selbst nicht. Das mit dem Frieden. Aber schön wäre es."

Wieder wurde geklatscht.

Eine erzählte von ihrer Sehnsucht, angenommen zu werden, einer davon, dass das kleine Kind in der Krippe ihn immer wieder an die Zerbrechlichkeit des Lebens erinnere und wie sehr man es schützen müsse, während ein anderer ruhig berichtete, wie nach seiner Scheidung alles um und in ihm zerbrochen sei und ihn sein Glaube durch alles Elend getragen habe. Er träume von einem Neuanfang.

Es war, als wäre ein Damm gebrochen. Immer mehr

Menschen meldeten sich, weil auch sie ein Bedürfnis hatten, ihren Weihnachtstraum zu erzählen.

Irgendwann bat eine Frau mit schütterem Haar ums Wort. Sie trat aus der Bank heraus und stellte sich an eine Säule: „Vielleicht ist das ja die große Weihnachtsbotschaft: All unsere Träume müssen keine Träume bleiben. Sie können Wirklichkeit werden, weil Gott sich uns zuwendet. Daran glaube ich. Und ich freue mich, dass ich heute Abend nicht alleine, sondern mit Ihnen zusammen feiere … Das ist nämlich mein Traum: dass wir wie die Heilige Familie erleben, dass ein Stall zum Glücklichsein genügt, wenn man Gott bei sich hat."

Bevor noch jemand anfangen konnte zu sprechen, fragte Tobias über das Mikrofon: „Verstehe ich das richtig: Sie sind heute Abend alleine?"

Die Frau zuckte zusammen. Ein wenig beschämt erklärte sie: „Meine Kinder kommen diesmal leider erst am zweiten Weihnachtsfeiertag … Das ging nicht anders …"

Tobias unterbrach sie: „Entschuldigen Sie bitte … Wer hier in der Kirche ist denn heute Abend noch allein zu Haus?"

Nach und nach gingen die Finger nach oben. Unfassbar. Unter den dreihundert Menschen, die sich in der Kirche drängten, waren über vierzig, die den Heiligen Abend nicht mit ihrer Familie oder mit Freunden verbrachten. Erstaunlicherweise meldeten sich auch einige Ehepaare, für die sich ihre Zweisamkeit an diesem Abend anscheinend auch nicht weihnachtlich genug anfühlte.

Der Küster auf der Kanzel musste plötzlich lächeln. „Dann habe ich eine Frage: Wer von den Übrigen wäre denn bereit, heute Abend, am Heiligen Abend, noch ein oder zwei Leute mit zu sich nach Hause zu nehmen? Für, sagen wir, zwei Stunden. Damit sich in unserer Gemeinschaft niemand allein fühlen muss."

Die Gottesdienstbesucher schauten einander erstaunt an. Einige Familien steckten die Köpfe zusammen, um sich zu beratschlagen. Dann kamen die ersten zögernden Meldungen. Hier eine. Dort eine. Dort noch eine. In jener Bank gleich zwei. Begeistert erhobene Hände über strahlenden Gesichtern. Am Ende erklärten sich so viele Familien bereit, Gastgeber zu sein, dass alle Alleinstehenden einen Tisch fanden, an dem sie nach dem Gottesdienst mitfeiern konnten. Schließlich sang die Gemeinde noch zusammen „O du fröhliche".

Tobias bekam zwischen den Jahren viele Briefe. Und in jedem stand: „Das war die schönste Weihnachtspredigt, die wir je erlebt haben."

Angela Wittenberg

Genau richtig

„*Jetzt aber schnell!*“ Hannah stellte die Kiste mit den Krippenfiguren auf dem Wohnzimmertisch ab und trieb ihre beiden Töchter zur Tür hinaus. „Los, euer Training fängt gleich an. Die Trainerin hat beim letzten Mal schon geschimpft, dass ihr immer zu spät kommt. Ich bring euch schnell bis zur Turnhalle und hol euch am Ende wieder ab, versprochen.“

Zwanzig Minuten später schloss Hannah die Haustür wieder auf. Sie hätte heulen können. Seit Wochen hetzte sie allem hinterher, hatte das Gefühl immer zu spät zu kommen und nie zu genügen. Hatte sie einmal mit den Töchtern nicht gelernt, schrieb garantiert eine von ihnen am nächsten Tag einen Test. Wurde mal wieder das Putzen verschoben, weil tausend andere Dinge in ihren Tag purzelten, kam bestimmt ihre penible, in Haushaltsdingen super organisierte Freundin zu Besuch und sie schämte sich in Grund und Boden. Die Chefin zog die Augenbrauen hoch, wenn sie in letzter Minute mit offenem Mantel angerannt kam. Und ihr immer geduldiger Mann tat ihr leid, weil er mehr und mehr mit schnell gekochten Nudeln abgefertigt wurde. Nachts schlief sie kaum noch, sondern wälzte sich von einer Seite auf die andere und grübelte, was sie wieder nicht geschafft hatte. Tagsüber war sie oft so müde, dass sie im Stehen hätte schlafen können.

Seufzend nahm Hannah Stück für Stück die Krippenfiguren aus der alten Schachtel und stellte sie auf dem Fensterbrett auf. Stroh für den Stall hatte sie gestern schon besorgt. Sie wollte die Krippe heute aufbauen, um wenigstens *etwas* rechtzeitig vor Weihnachten fertig zu bekommen. Das dreckige Geschirr vom Mittagessen, das in der Küche stand, musste warten.

Maria und Josef, die Hirten und der Engel waren schnell an ihrem Platz. Zum ersten Mal seit Wochen fühlte sie sich jetzt ein bisschen weihnachtlich. Lächelnd stellte sie auch das kleine Plastikkänguru in eine Ecke des Stalls. Das hatte ihr Mann Heiner heimlich zur Krippe geschmuggelt, als sie zum ersten Mal gemeinsam Weihnachten feierten. Seitdem gehörte es irgendwie dazu. Sie merkte, wie ihre Anspannung nachließ. Zuletzt nahm sie behutsam das kleine Jesuskind in die Hand und warf gleichzeitig einen Blick auf die Uhr. Sie hatte noch eine halbe Stunde Zeit, bevor sie wieder losmusste, um die Mädchen abzuholen. Vielleicht könnte sie sich eine klitzekleine Weile – nur einen Augenblick – aufs Sofa legen? Kaum war der Gedanken in ihrem Kopf, lag dieser auch schon auf dem gemütlichen Sofakissen. Gleich darauf war sie vor lauter Müdigkeit eingeschlafen …

„Hannah, das Haus ist voll. Wir können keine Gäste mehr aufnehmen. Ich habe gerade schon einem Paar aus Nazareth den Stall angeboten. Die Frau ist schwanger, das Baby kann jederzeit kommen, die mussten ja irgendwo einen Platz kriegen. Vielleicht kannst du später mal nach ihr sehen.“ Ihr Mann hatte nur kurz den Kopf zur Tür reingesteckt und war im nächsten Moment schon wieder davongeeilt. Merkwürdig, was für seltsame Kleidung er trug. Er schaute auch irgendwie anders aus als Heiner, aber sie war sich sicher, dass er es war. So sicher, wie man sich nur im Traum sein konnte.

Sie ging hinaus zum Brunnen und schleppte Wasser für die Gäste ins Haus. So eine Herberge machte jede Menge Arbeit. Und jetzt, wo die Stadt so voll war, da ging es bei ihnen zu wie auf dem Viehmarkt. Aber es war gut fürs Geschäft. Trotzdem: Eine schwangere Frau in den Stall zu legen! Auf die Idee konnte auch nur ein Mann kommen. Irgendwie tat sie Hannah leid. Sie erinnerte sich noch genau an die Geburten ihrer beiden Töchter im Krankenhaus. Bei Elena ging alles gut. Es war eine anstrengende, lange Geburt, aber sie hatte sich zwischendurch auch mal in die Badewanne gelegt, das hatte sie ganz gut entspannt. Bei Ronja war alles schwieriger, da musste dann in letzter Minute doch noch ein Kaiserschnitt gemacht werden, weil die Herztöne des Kindes schwach wurden. Sie war wirklich froh gewesen, dass eine Kinderklinik nebenan war. Warum ging die Frau nur nicht in die Klinik? Wenn nun mit dem Kind etwas war?

Da rief ihr Mann schon wieder und sie vergaß die Leute im Stall vorerst. Sie versorgte die anderen Gäste, kochte und teilte Bettwäsche aus. Die Zimmer sahen aus wie die ihrer Töchter, die Küche wie ihre eigene, aber das Haus war anders. Viel größer. Und die Gäste waren seltsam. Einer sah ein bisschen aus wie das Krümelmonster, ein anderer wie die Turntrainerin ihrer Töchter, der nächste wie der Chef ihres Mannes. Und alle hatten merkwürdige Wünsche. Sie hetzte umher, backte Fladenbrot und schüttelte die Betten auf. Eines war mit der rosa Prinzessinnenbettwäsche überzogen, die Ronja als kleines Mädchen so geliebt hatte.

Erst viele Stunden später kam sie dazu, mit einer Packung Windeln aus dem Drogeriemarkt unter dem Arm in den Stall zu gehen. Da hatte die Frau das Kind schon zur Welt gebracht und es in die Futterkrippe gelegt, aus der sonst ihr alter Esel und das Känguru in der Ecke Stroh und Blätter fraßen. Der Vater des Kindes sah etwas mitgenommen aus. So wie Heiner damals bei Elena. Hannah stellte den Windelkarton auf den Boden und trat an die Krippe, um das Kind anzuschauen. Entschuldigend schaute sie die junge Mutter an. „Es tut mir leid, dass wir Ihnen nicht mehr bieten konnten. Wenn ich das Auto nicht gebraucht hätte, um später meine Töchter abzuholen, dann hätte mein Mann Sie auch ins Krankenhaus fahren können."

Die Frau lächelte ihr müde zu: „Hannah, weißt du, wer das Kind hier ist? Es ist Jesus und er ist hier genau richtig. Er ist hineingeboren in das Durcheinander dieser Welt. In die Unvollkommenheit unseres Lebens. Um genau da zu wohnen." Sie gähnte leise und schaute Hannah bittend an: „Kannst du ihn ein bisschen nehmen? Ich bin so müde und würde so gerne schlafen." Verständnisvoll nickte Hannah und nahm das Kind behutsam in die Arme. Seltsamer Friede.

Im nächsten Moment ertönte das Martinshorn. Kamen die Sanitäter also doch noch. Erleichtert seufzte Hannah auf. Es war sicherlich nicht verkehrt, wenn das Kind noch mal in der Klinik durchgecheckt wurde. Und wenn es ins Warme kam. Vielleicht hatte es sich hier schon einen Schnupfen geholt. Sie lächelte dem Kind zu und schlug die Augen auf …

Durch das Fenster sah sie das Blaulicht des Krankenwagens, der vor dem Haus vorbeifuhr. Sie rieb sich die Augen und streckte sich. In ihrer Hand lag noch immer die geschnitzte Figur des Jesuskindes. Sie stand auf, ging in die Küche und legte den kleinen Jesus liebevoll direkt neben die noch nicht abgespülten Töpfe.

Laut sagte sie zu sich: „Mitten hinein in das Durcheinander meiner Welt." Dann schaute sie auf die Uhr. „Jetzt aber schnell, die Mädchen warten bestimmt schon!"

Christoph Zehendner

Einfach mal träumen

„*Jetzt aber schnell*, wir sind ja nicht zum Vergnügen hier!" Kunold, der Leiter des Teams, setzt sein Dienstgesicht auf, unterbricht Gespräche und Gelächter und versucht, sich Gehör zu verschaffen. „Wenn das Geschirr weggeräumt ist, lassen wir uns noch von dem feinen Shiraz nachschenken – und dann geht unser Dreamday los!"

„Chef, nicht so streng! Heute Abend ist schließlich unsere Weihnachtsfeier", lächelt ihm Britta zu. Als Älteste im Team fühlt sie sich immer ein wenig verantwortlich für die ganze Truppe. Und weil sie als Einzige mit Kunold persönlich befreundet ist, kann sie oft die Stimmung entspannen, Missverständnisse aufklären oder Kommunikationshindernisse auf charmantem Weg umgehen.

„Schon gut, Britta." Kunold nickt, doch er verliert sein Ziel nicht aus den Augen. Einen schweigsamen Moment lang lässt er den Blick wandern, sieht Britta an, den Buchhalter Klaus links neben ihr, Serap, die quirlige Computerspezialistin, den brummigen Roger vom Marketing und den Praktikanten Tim, der für ein paar Wochen bei ihnen das richtige Leben mitbekommen soll. „Aber ihr erinnert euch", fährt Kunold fort, „was wir beim letzten Meeting beschlossen haben: Im Anschluss an Weihnachtsbraten und Wohlgenuss nehmen wir uns Zeit für unser Team.

Zeit zum Träumen. Jeder darf …“, Kunold räuspert sich und setzt neu an: „Jede und jeder von euch darf und sollte einmal frei und ohne Schere im Kopf aussprechen, was traumhaft wäre. Wovon er träumt im Blick auf unsere Zusammenarbeit, unser Team, unsere Aufgaben, unsere Projekte. Einfach mal träumen. Jetzt ist dazu Gelegenheit. Für alle!“

Roger brummt Unverständliches vor sich hin. Seiner Körperhaltung nach zu urteilen, ist er von dem plötzlichen Stimmungswechsel kalt erwischt worden. Serap checkt irgendeine wichtige Mitteilung auf ihrem Handy. Klaus starrt ins Leere. Der Praktikant Tim macht ein Gesicht, als würde er sich am liebsten unter dem Stuhl verstecken.

Also eröffnet Britta die Runde – so, wie es alle stillschweigend von ihr erwartet hatten: „Ich träume davon, dass wir als Team immer besser zusammenwachsen. Das letzte Jahr war heftig, aber auch sehr erfolgreich. Wenn's drauf ankam, haben wir super zusammengehalten. Streit und unterschiedliche Ansichten waren dann unwichtig, nur das gemeinsame Projekt zählte. So sollte das immer sein. Dann würde ich noch viel lieber mit euch zusammenarbeiten.“

Brittas Worte klingen, als hätte sie sie auswendig gelernt und zu Hause vor dem Spiegel eingeübt. Niemand reagiert, niemand nickt oder stimmt zu. Stille. Dann brummt Roger ein verächtliches „Amen“. Tim hält die Luft an.

„Danke, Britta“, stammelt Kunold, sichtlich unsicher geworden. „Wir wollen uns ja im nächsten Jahr gerade um ‚Teambildung‘ bemühen, wollen uns an unsere gemeinsame Vision erinnern und Schritte festlegen, wie wir…“

„Sparen Sie sich die Predigten, Chef.“ Roger betont jedes einzelne Wort. „Was für einen Schwachsinn haben Sie da bloß wieder auf der Managementakademie gelernt. Was genau sollen wir hier spielen, einen *Dreamday*?“ Das letzte Wort spuckt Roger fast aus. Er spricht leise, aber so intensiv, dass alle sich vorbeugen, um auch keine Silbe zu verpassen. „Dreamday, Teambildung, Visionsprozesse … alles Mumpitz. Solange Sie uns und unsere Kompetenz nicht ernst nehmen, wird sich gar nichts ändern. Solange Sie bei Konflikten einfach den Kopf in den Sand stecken und einsame Entscheidungen treffen, solange Sie uns …“

„Noch einen Schluck von dem feinen Roten aus Australien?“ Die aufmerksame Bedienung hat gesehen, dass Roger sein Glas geleert hat. Dass sie ihn mitten im Satz unterbricht, ist ihr aber entgangen. Oder hat sie ganz bewusst eingegriffen, um einen Eklat zu verhindern?

„Lass uns ruhig mal träumen, Kollege.“ Klaus nutzt die entstandene Pause, richtet sich etwas auf, lächelt süffisant und sieht Roger direkt ins Gesicht. „Finde ich doch gut, dass dazu mal Zeit ist. Ganz ungeschützt und locker, einfach nur träumen. Auf Befehl vom Chef. Klar, mach ich doch gerne: Ich träume davon, dass die in Berlin ihr Wort halten und ich wirklich mit 63 Schluss machen kann. Nur noch sechs Jahre und acht Monate mit euch arbeiten müssen, wenn das keine traumhafte Aussicht ist …" Klaus schüttet sich fast aus vor Lachen, doch niemand lacht mit.

Britta rutscht nervös auf dem Stuhl hin und her und startet einen neuen Rettungsversuch. „Roger, Klaus, ich denke, nichts ist so gut, dass man es nicht noch verbessern könnte. Ja, die Atmosphäre in unserem Team ist manchmal, ist manchmal …" Sie blickt Hilfe suchend in die Runde, doch keiner nimmt den Ball auf. Wie ein tropfender Eiszapfen hängt der unvollendete Satz über dem Tisch. Doch Britta gibt nicht auf. „Serap und ich könnten ja ab und zu ein paar weibliche Akzente einbringen, ein bisschen Deko im Büro, eine Kerze bei der Kaffeepause oder so."

Serap explodiert: „Bei aller Liebe, Britta, um deinen ätzenden Hausfrauenmist kannst du dich schön alleine kümmern. Ich mach mich für den Haufen hier doch nicht zum Affen. Wenn ihr Stress habt mit euren Rechnern, könnt ihr gern zu mir kommen. Wenn die neue Software nicht läuft, dann mach ich euch die Hotline, rund um die Uhr. Das ist mein Traum von Teamwork. Aber das Mäuschen für die Gemütlichkeit spielen … Britta, ein Albtraum!"

Wieder peinliches Schweigen. Frostig ist die Stimmung am Tisch geworden, fast feindselig. Die Teammitglieder starren in ihre Gläser. Die Geräusche aus der Umgebung wirken lauter als vorher, Gelächter und Gesprächsfetzen wehen von den anderen Tischen herüber.

Kunold hat Schweißperlen auf der Stirn, unruhig spielt

er mit dem Messerchen, das vom letzten Gang übriggeblieben ist. Aufgewühlt und vielleicht auch ein wenig beschwipst, wie er ist, knallt er damit aus Versehen gegen das Glas. Ein glockenheller Ton, mit einem Schlag herrscht Stille. Nicht nur hier am Tisch, sondern im gesamten Lokal. Er sieht sich Hilfe suchend um.

Tim, der Schulpraktikant, aber denkt, dass er jetzt an der Reihe ist, und begreift die plötzlich eingetretene Ruhe als Aufforderung. „Also, Herr Chef, ich meine: Herr Kunold, ich bin ja nun eigentlich ... So richtig gehör ich ja gar nicht zu diesem ... Aber Sie sagten ja, wir alle ... Und Sie haben mich jetzt immer so angesehen ... Wenn Sie das also wirklich wollen, dann kann ich ja auch mal laut träumen."

Tim ist so aufgeregt, dass er nicht bemerkt, was um ihn herum vor sich geht: Die volle Aufmerksamkeit aller Gäste im Lokal gilt ihm und seinen Worten. Selbst die beiden Bedienungen und der Mann an der Theke lassen ihre Arbeit ruhen.

„Ich träume davon, mal so einen interessanten Job zu finden, wie Sie alle hier im Team ihn haben. Ich träume davon, solche spannenden Aufgaben lösen zu dürfen. Schönes Büro, festes Gehalt, sicherer Arbeitsplatz, nette Kollegen – für mich ein Traum."

Das Interesse an Tims Worten verebbt. Manche Gäste rollen die Augen, andere wenden sich flüsternd an ihre Tischnachbarn. Doch bei Tims nächstem Satz sind wieder alle ganz Ohr.

„So richtig traumhaft aber wäre es, wenn wir alle zusammen Weihnachten feiern würden. Nein, ich meine nicht den Heiligen Abend, den sollte natürlich jeder mit seiner Familie oder mit seinen Freunden verbringen. Aber das, was an Weihnachten eigentlich wichtig ist, das fehlt uns doch manchmal im Team, das könnten wir entdecken und feiern. Ich meine: die Hoffnung. Die Menschlichkeit. Die Wärme. Die Nähe. Die Versöhnung. Das Gefühl von Frieden und Harmonie. Menschen kommen einander näher, weil etwas geschieht, was sie tief berührt. Gott und die Welt finden zusammen und alles fühlt sich gut an.

Herr Kunold, ich weiß ja nicht, ob es bei solchen Weihnachtsfeiern üblich ist, aber ich möchte mich bei Ihnen und dem ganzen Team für die spannenden vier Wochen bedanken, gerade auch für den heutigen Abend. Und ich möchte Ihnen ein kleines Geschenk überreichen. Ich war letztes Jahr zum Schüleraustausch in Israel und an einem Tag haben wir Bethlehem besichtigt. Da habe ich mir diese kleine Krippe gekauft, aus Olivenholz geschnitzt. Die möchte ich Ihnen gerne schenken. Sehen Sie, die Krippe ist leer, da liegt kein Baby drin. Sie hat mich jetzt ein Jahr lang daran erinnert, immer dran zu denken: Was fehlt mir? Was kommt zu kurz? Wonach sehne ich mich? Wovon träume ich? Wie könnte ich ein Stückchen Weihnachten in meinen Alltag hereinholen?

Hier, bitte, Herr Kunold, ich hoffe, Sie finden einen Platz im Büro, wo die Krippe nicht stört, wo sie aber manchmal das Team zum Nachdenken und zum Träumen anregen kann."

Britta ist verblüfft, aber auch erleichtert über den Verlauf des Abends. Mit einem kurzen Blick versucht sie, die noch unentschiedene Stimmung in der Runde einzuschätzen. Dann erhebt sie ihr Glas und strahlt: „Einfach süß, dein Geschenk, Tim. Vielen Dank und Prost. Traumhafte Weihnachten!"

„Traumhafte Weihnachten!", schallt es zurück, aus dem gesamten Restaurant. Serap legt das Handy einen Moment zur Seite und greift nach dem Glas, selbst Klaus und Roger schließen sich nach kurzem Zögern an. Manche im Raum schütteln den Kopf, andere amüsieren sich über den naiven Bengel und seine Holzkrippe. Doch so mancher wiederholt die Worte noch einmal für sich: „Traumhafte Weihnachten!" Und fängt im Stillen an zu träumen …

Jimmy Wayne/Travis Trasher

Ein Baum voller Wünsche

Paper Angels
Eine Weihnachtsgeschichte

256 Seiten, gebunden
ISBN 978-3-7655-0905-6

Vor Weihnachten verlässt Lynn mit ihren Kindern fluchtartig ihr Zuhause. Jetzt muss sie mit Tom (15) und Sara (8) jeden Cent umdrehen. Weihnachtswünsche kann Tom vergessen. Daniel macht sich große Sorgen wegen der Zwillinge, die seine Frau und er erwarten. Obwohl sie schon Schulden haben, nimmt er im Einkaufszentrum einen Papierengel vom Weihnachtsbaum mit. Auf jedem Engel stehen Wünsche eines Kindes aus einer armen Familie. Daniel erwischt Toms Engel. Aber dann vergisst er wegen der Geburt die Geschenke …

BRUNNEN VERLAG GIESSEN
www.brunnen-verlag.de

Ursula Berg

Wunder der Weihnacht

Kleine Geschichten

96 Seiten, gebunden
ISBN 978-3-7655-0909-4

Ein Spaßvogel im Internet verhilft ungewollt einem kleinen brasilianischen Jungen zur größten Weihnachtsfreude seines Lebens. – Eine Frau, die jahrelang mit Weihnachten nichts anfangen konnte, verschickt Einladungskarten mit einem rätselhaften Weihnachtswunsch. – Ein Kind, eine verlorene Geige, ein Engel und Schneechaos am Heiligabend … Gestrandete Passagiere am Flughafen treffen sich zu einer ungeplanten Weihnachtsfeier.

In den Weihnachtsgeschichten geht es um Begegnungen in der Familie, unter Fremden und Freunden, zwischen Alten und Jungen, Skeptikern, Bedürftigen und Hilfsbereiten. Und für alle hält Weihnachten ein Wunder bereit.

BRUNNEN VERLAG GIESSEN
www.brunnen-verlag.de